El orgullo de Morelos 2: Que los cuide Malverde

Diego Castillo

LA DEDICACIÓN

En especial me gustaría dedicarle esto a todas las familias mexicanas que han sufrido a causa del narcotráfico y crimen organizado. Estoy con ustedes y cuentan con todo mi apoyo y respeto.
¡Viva México....!

ÍNDICE DE CONTENIDOS

* Este libro contiene ejemplos de argot, expresiones coloquiales y regionalismos. Hemos incluido un glosario de los términos y expresiones utilizados al final del libro.

RECONOCIMIENTOS

A mi madre, que ha sido mi roca todos estos años y me ha enseñado a vivir con integridad y valor. Por creer en mi apoyarme en todas mis altas y bajas. Gracias a ti he llegado hasta donde estoy. A mis cuatro hermanos, Juan, Luis, Hernán y Chucho que me enseñaron lo que es "ser banda" y lo que es una verdadera hermandad.

1.
LA TRANSICIÓN

El primero de diciembre de aquel turbulento 1999 iniciaron cambios, muchos cambios y reestructuraciones por todos los rincones del país. De lo macro a lo micro se pueden referir estas modificaciones; el cambio en la silla presidencial con la salida, después de 90 años de gobierno del Partido de la Revolución Nacional y la llegada del ultra conservador Partido Alianza Neoconservadora, con su candidato el violento Venancio Lobo quien llegó al poder con una fama ganada a pulso de hombre de poco diálogo y mano dura con un nuevo proyecto político denominado "Plan Fuego contra Fuego", en el cual tenía como objetivo primordial enfrentar a los cárteles de narcotráfico que no fuesen de su simpatía, entre ellos los hermanos Xolalpa y los alfas quienes habían operado con impunidad en las administraciones anteriores. Para estos fines se había nombrado al Secretario de Defensa Joseph Terrazas como nuevo zar antidrogas en México quien rápidamente organizó, desde los primeros meses del nuevo gobierno un gran número de operativos en toda la República para buscar desarticular a los cárteles antes referidos.

Para Juan Tostado y los calavera las cosas se encontraban en franca reestructuración, sobre todo a raíz de las bajas consecuentes a los enfrentamientos de los meses anteriores, una reconfiguración profunda era inminente; aunado a esto, los cambios políticos a nivel local también hacían estragos en las estructuras del barrio; en este sentido el antiguo diputado Malpica dejó su cargo para asumir la Secretaría de Seguridad de la Delegación Venustiano Carranza, demarcación en la que se encuentra la Colonia Morelos y con ello estaría ahora en sus manos todo lo referente al control policiaco de la zona.

Malpica casi al instante de tomar su nuevo cargo nombró como jefe de policía y su hombre de confianza al chivo, quien para ese momento ya se había convertido en el principal rival y enemigo de los calavera; juntos habían decidido tomar el control, sin embargo necesitaban atacar por todos los flancos a los calavera, comenzando por sus alianzas. Para ello Malpica y el chivo amañarían una alianza con el cártel que tradicionalmente suministraba a los calavera, es decir con los alfas quienes ante el nuevo paradigma político eran foco de persecución y también estaban muy necesitados de alianzas para reforzar su control en el barrio ya que los calavera gradualmente conseguían una mayor autonomía.

-Hola mi chivo, pues ¿qué opinas de nuestras nuevas oficinas?

-Pues están suaves mi Lic., chingón todo y pues le agradezco harto mi reincorporación al servicio público, ya extrañaba todas las bondades del sistema jefe.

-Ya sabes cabrón, conmigo nunca va a faltar la chamba y los conectes, así que ya sabes mientras estés de este lado siempre tendrás el paro, y si me quieres traicionar ya sabes, te va igualito que al zambo Pedraza, sales de patitas a la chingada.

-A huevo mi Lic., eso lo tengo clarito, y precisamente yendo a ese tema, ¿qué vamos a hacer en la Morelos con los calavera y el Juan Tostado?, parece que todo el desmadre pasado y hasta el cambio de gobierno los puede afianzar más chido en el barrio, o ¿tú cómo ves jefe?

-Pues eso está por verse chivo, yo creo que con todo el alboroto y sobre todo con las pendejadas de combate a las drogas del nuevo presidente se abre la posibilidad para que hagamos nuestro agosto con los alfas, a ellos les conviene tener nuestra protección y a nosotros su merca y sobre todo traerlos de brazo ejecutor para ahora sí limpiar el barrio de esos pendejos calavera y meter en cintura a la gente de ahí.

-Ok mi Lic. Pues solamente será cosa de hacer contacto con el Barrabás que es el líder de los alfas y manejarle el negocio.

-Pues a una voz arréglame una junta con ese cabrón y en caliente lo hacemos, en esta semana me quiero reunir con el Barrabás, ¿está claro chivo?

-Clarísimo patrón, yo me encargo de todo.

Juan Tostado y los calavera, por su parte habían alcanzado un periodo de relativa paz en el barrio y con la gente, durante esos meses, ni la policía, ni los cárteles, ni el ejército habían pisado la Morelos, fueron meses dorados para ellos. Juan

Tostado y el guerrero cobraban cada vez más liderazgo y respeto no sólo con la gente sino con sus aliados los molachos y los calabazos; los acuerdos que habían pactado se seguían al pie de la letra y esta armonía les hacía suponer buenos tiempos, sin embargo la vida en el barrio siempre tiene sus bemoles, siempre hay complicaciones y sobre todo cuando hay tantos intereses de todo tipo entrelazados en él. Juan Tostado debatía aquel invierno con el guerrero sobre el futuro próximo y sabían que el contexto político traería consecuencias, de lo que no estaban seguros era de cómo contraatacarían sus enemigos y todo era especulación en aquellos días.

-Pues sí guerrero, todo parece pintarnos bien hasta ahora, pero ¿tú qué crees que va a pasara ahora que el nuevo presidente va a traer en chinga a los cárteles?

-Mira Juan, pues yo creo que esos weyes de los cárteles van a estar en chinga cuidándose de los milicos y para mí que no van a pelar mucho al barrio, al contrario siento se van a alejar, pero de quien sí debemos tener un chingo de cuidado es del Malpica, ese cabrón fue nombrado el mero chingón de seguridad pública y se jaló al chivo con él, ahí es donde nos van a querer atorar.

-No mames guerrero, tienes razón, pues debemos cerrar filas y andar bien al tiro, yo digo que mandemos algunas viejas de la morena a investigar que pedo por allá.

-Me parece buena idea, hay que encomendarle ese desmadre y también el alucín que se lance con los alfas para ver ¿cómo va a estar el asunto con ellos?, y mientras eso se arregla, yo digo que te des un rato para ver que pedo con tu familia Juan, por ahí me dijeron en el barrio que tus carnalitos ya quieren comenzar en la banda y que tu hermana igual anda saliendo con uno de los calabazos, no vayan a agarrar el desmadre desde ahora, están bien chavales wey.

-¿neta guerrero?, ¡hijos de la chingada!, ya les dije que no hay pedo si quieren ser de la banda, pero que se esperen chingao, son mucho más morros que yo, pobre de mi jefa.

-Pues sí wey, imagínate no tienen figura paterna y pues tú te la vives con la banda, se puedes descarriar en corto, mejor sí ve a ver qué pedo a tu casa, tómate unos días wey, yo me encargo de este pedo.

-Neta que eres a toda madre guerrero, vale pues te tomo la palabra, necesito arreglar las cosas en mi cantón, esos morros están de la chingada y la jefa seguro no puede sola con ellos, nos vemos en unos días carnal, sé muy bien que te la rifarás solo durante este tiempo.

2.
LA FAMILIA ES SAGRADA

Las cosas en la casa de Juan Tostado no marchaban de la misma forma que en el barrio, sus hermanos Brandon de 15 años y Carmela de 14 comenzaban a sentir atracción por la vida turbulenta del barrio, sobre todo la pequeña Carmelita quien desde hacía meses era objeto de los dotes ciranescos y la galantería de uno de los más respetados y sanguinarios miembros de los hommies de la morelos, ni más ni menos que de los calabazos, el Vilchis quien era de las cabezas de esa banda, ni más ni menos que primo del califas y el segundo al mando.

El Vilchis había conocido a la única de las hermanas de Juan Tostado en alguna de las múltiples y dionisiacas fiestas del barrio, y a pesar de él ser mayor de ella por más de diez años no había tenido reparo en abordarla y cortejarla con todo tipo de artilugios y promesas románticas, pero sin duda lo que realmente cautivó a la joven fueron los dotes gañanescos, su presencia y actitud de macho alfa ante el barrio que hacían que más de una adolescente suspirara por él. Era más que sabido que el Vilchis tenía amoríos con muchas pandilleras, cholas y prostitutas del barrio, por lo cual enamorarse de este vato loco era una afrenta kamikaze, lamentablemente para Carmela Tostado y para su familia la niña estaba perdidamente endiosada con este sujeto y en sus pueriles anhelos se encontraba fugarse con él y convertirse en parte de los calabazos.

Juan Tostado quien no estaba enterado de nada de lo que ocurría entre su pequeña hermana y el cholo Vilchis, y fue a raíz de diversos rumores que hacían un eco cada vez mayor por el barrio los que le fueron dando la noticia, hasta que finalmente la charla con el guerrero y la final confirmación en casa le dieron todos los argumentos para exigir a Carmela una explicación, pero más que ello alejarse del pandillero. Al llegar a su casa, Juan Tostado inmediatamente preguntó a su madre por su hermana.

-Hola hijo, ¿¡qué milagro que estés tan temprano aquí en la casa!?

-¡Hola jefa!, pues nada, vengo porque ya la agarraron de coto todos en esta casa, ya todo mundo quiere hacer su chingada voluntad y pues no, una cosa es que el pinche chango esté muerto y otra que los cabroncitos de mis hermanos ya quieran agarrar el desmadre a lo pendejo.

-Pero ¿de qué hablas hijo?

-No le hagas al wey jefa, sabes perfectamente a que me refiero, el pinche Brandon y la Carmela ya andan en andadas con las pandillas, y más esa cabrona que ya hasta está saliendo con un hijo de la chingada de los calabazos, no las sonsaques yo ya me enteré de todo chingao, a mí no me quieran ver la cara de pendejo.

-No te enojes Juan, ¿pos qué querías que yo hiciera?, ella me pidió que no te dijera nada y pos yo no quiero problema con ninguno.

-Ta´bueno jefa, tú no eres la de la bronca, pero ¿dónde está esta cabrona y el chingado Brandon?

-Pos ella ya no tarda hijo, ya sabes que todavía va

a la escuel…

-¡Qué escuela ni que la chingada, seguro anda de puta con el cabrón ese!

-No hijo, tómate un tesito pa´l coraje, no te vaya a hacer daño tanta muina, ándale siéntate.

Justo cuando Juan Tostado se sentaba en la humilde mesa de madera de su madre a beber aquel pozillo de té que su madre le servía entró la pequeña Carmela Tostado con su radiante juventud y singular belleza, con su piel apiñonada y su cabello castaño y ondulado, tan estético que parecía sacado de un anuncio de shampoo, sus grandes ojos verdes tan enigmáticos como toda su persona, sus labios que insistían en ser besados y su cuerpo de mujer a pesar de la ternura en su cara la convertían en una de las chicas más deseadas del barrio y de otros territorios cercanos. Ella con su siempre sutil voz saludó a Juan.

-Hola hermano, qué milagro verte aquí, ¿cómo estás, a qué debemos el gusto?

-Hola Carmela, yo estoy bien, de hecho todo va muy bien en el barrio y conmigo, pero hay algunas cosas que me están encabronando, sobre todo cosas que tienen que ver con ustedes y en especial contigo escuincla.

-¿Conmigo?, pero ¿yo qué te hice Juan?, voy muy bien en la escuela y le ayudo a mi mamá en la casa, también les ayudo a los niños con sus tareas, ayudo a lavar la ropa de todos y a cocinar, incluyéndote. ¿Cuál es el problema?

-Tú deberías saber perfectamente cuál es el problema, o acaso ¿crees que soy pendejo?

-No sé de qué hablas Juan, no soy adivina, ¿qué te pasa?

-Me pasa que tú eres lo mejor que tiene esta pinche familia, que tú eres la gran esperanza de no terminar como mi papá o yo, de ser alguien de provecho en la vida, de salir de esta mierda de barrio y destacar a la buena y resulta que mi hermana, la gran mujer de esta casa está cogiendo con un pinche gato pandillero como yo, un pinche cholo apestoso de los calabozos, el malparido del Vilchis. ¿cómo quieres que me sienta de saber que eres una más de las putas de ese cabrón? Dímelo.

-No me insultes Juan, a ver en primera cálmate; ni me acuesto con nadie y menos aún soy la puta de nadie.

-Tú no me vas a decir cómo es ese infeliz, es un maldito mujeriego, es un chulo del barrio y tú tan ingenua crees que está enamorado de ti, por favor niña.

-Juan, tranquilízate yo únicamente estoy conociendo a Vilchis, todavía no tenemos nada.

-Ni lo van a tener porque me voy a quebrar a ese hijo de puta, va a saber que nadie se mete con la familia de Juan Tostado, nadie.

-No vayas a hacer una tontería...

Mientras los hermanos discutían frente a doña Lupe y se le notaba a Juan cada vez más exaltado, de pronto entro el segundo de los hermanos Tostado, Brandon un chico que parecía la copia de Juan, sin embargo se le notaba mucho más rebelde y con una sed de poder que ni el propio chango había manifestado; Brandon Tostado estudiaba en la misma secundaria que Carmela en la cual ya se encargaba del tráfico de drogas que le surtían los calabazos, era ya también célebre entre los chicos por ser extremadamente violento y era una figura intocable por ser hermano de Juan; él no había iniciado su vida delictiva con los calavera pues sabía bien que Juan lo impediría, pero la amistad que llevaba con el Vilchis le había abierto las puertas a las pandillas y Juan Tostado recién se estaba enterando de todos estos hechos.

-Qué onda con todos, ¿de qué me perdí?, el Juan aquí y sus gritos se escuchan hasta la calle, ¿pos qué pasó chingao?

Juan le contestó:

-A ti también te andaba buscando re cabrón, ya me contaron que también tú andas bien pegadito al Vilchis y a los calabazos.

-y ¿qué tiene de malo Juan?, pues los calavera tiene tregua con ellos ¿no?

-No te hagas pendejo Brandon, sabes perfectamente que no me refiero a una tregua, me refiero a que estés trabajando y alineado con ellos y a que esta chingada escuincla se esté revolcando con el puto ese del Vilchis.

-Relájate carnal, pos ¿cuál es el pedo?, tú dijiste que no nos querías ver con los calavera, nosotros andamos jalando con los calabazos.

-No te hagas el pendejo conmigo Brandon, y

solo se los voy a decir una vez a ambos, o se alejan de ese wey y de su banda o voy a armar un pedo en el barrio, y no estoy jugando.

-No mames Juan, son tus aliados, no creo que seas tan imbécil.

-No me estés picudeando pinche Brandon, ya les dije y no está a discusión, no quiero saber que siguen ahí. ¿Quedó claro?

-Pues a mí no me vas a venir a imponer nada Juan, vete a la chingada, tú sí pudiste hacer lo que quisiste, incluso chingarte a mi jefe, y ahora me vas a venir a decir que no puedo hacer mis business por mi cuenta, estás pendejo, con los calavera serás el chido, pero conmigo chingas a tu madre, ¿cómo ves?

-No te estoy preguntando cabrón.

En medio de la discusión los ánimos se incendiaron llegando hasta los golpes, Juan y Brandon comenzaron una intensa pelea en la cual se enfrentaron como auténticos enemigos sin ninguna piedad ni recelo de que enfrente de si estuviera su propio hermano, incluso en la golpiza destruyeron casi por completo el hogar de su familia, al tratar de separarlos su madre y

Carmela también fueron golpeadas por ambos; finalmente y traes varios minutos Juan logró someter a su hermano amenazándolo.

-No me obligues a terminar de partirte la madre Brandon, mejor ya entiende por la buena cabrón.

-Vete a la chingada Juan, yo no soy de tu banda y no tengo por qué hacerte caso y si me vas a matar como a mi jefe, pues vas, ¿qué esperas wey?, total eres un pinche matón. Y si no me vas aquebrar ya suéltame y déjame hacer lo que se me dé la gana.

Juan soltó a su hermano y con voz sumamente molesta le dijo:

-Pues ya estás pinche Brandon, yo te quise sacar de la mierda, pero eres tan necio y tan pendejo que la neta ya me vale madre lo que hagas y lo que te pase, pero solamente te voy a decir una cosa, lo único que vas a conseguir es romper la tregua con los calabazos y si esa tregua se rompe te informo que seremos enemigos, y en la calle y en el barrio a mis enemigos no se las perdono, aunque seas se mi sangre, creo que eso todos ya lo tienen claro, ¿entendido pendejo?

-Pues parece que tú tampoco me entendiste que

me vale madres lo que hagas y lo que digas, yo estoy haciendo mi propia leyenda en el barrio, ni viviré bajo tu sombra ni bajo tus huevos, así que como lo quieras ver, si a partir de hoy somos enemigos, pues venga, no tengo pedos con eso.

-Sale, así va a ser, pues no se hable más Brandon, aquí en el chante somos carnales, pero afuera no te conozco.

Su madre intervino con una angustia y temor por las amenazas de sus dos hijos:

-Hijos, por dios dejen de amenazarse así, dense cuenta que solo se hacen daño y le hacen daño a sus hermanos con esto, no sean así por favor, dejen de pelear, no vayan a cometer tonterías por lo que más quieran.

Juan respondió:

-Jefa, tú no te metas, esto es entre este wey y yo, ya somos cabrones y resolveremos esto como se deba y donde se deba resolver, tú eres testigo que yo quise arreglar esto a la buena, como familia.

Brandon intervino:

-¿A la buena cabrón?, tú lo que quieres es venir a

mandar como lo haces con tus pinches calavera, pero aquí te topas con pared nosotros no somos tus pendejos, ¿verdad Carmelita?

Carmela contestó:

-Creo que Brandon tiene razón Juan, nosotros también tenemos derecho a hacer nuestra vida como queramos, tú no eres nuestro papá ni somos miembros de tu pandilla.

Juan le replicó:

-A entonces prefieren jalar con el puto del Vilchis, entonces ese wey es el pedo, pues vámonos recios sobre ese puto, me lo voy a chingar y asunto resuelto.

Brandon le dijo:

-Pues tú crees que ese wey es manco ¿verdad pendejo?, el Vilchis también tiene hartos huevos y seguro te revienta la madre y si no él su primo el Califas, mejor no te metas en pedos Juan que ya bastantes tienes.

-Ah pues tú parece que no me conoces hermanito, no olvides quién se quebró al cráneo, al wero y a hartos pendejos en el barrio, no se te olvide quien es Juan Tostado, y si ya se te olvidó, me encargaré de refrescarte a ti y a todos la pinche memoria, de mi nadie se va a burlar, este pinche barrio es mío, y si ustedes ya tomaron su decisión, pues va, no tenemos nada más que hablar, solamente después no se quejen, y mejor pongan al tiro a su amiguito porque donde lo tope lo voy a volar.

Juan salió envuelto en cólera en busca de algunos de sus calavera, la decisión estaba tomada por ambos lados y él iría a cobrar lo que él consideraba un desafío y traición por parte del Vilchis.

3.
LA CÓLERA GENEALOGÍA
DE LA NEQUICIA

Juan se dirigió al Salón infierno en el que se encontraban algunos de los calavera como Matehuala, el camello y el átomo líder de los porros de la Alianza Estudiantil Norte, antiguo miembro de los molachos que recién se había alineado con los calavera. Tostado los buscó para organizar su vendeta contra el Vilchis y de ser necesario frente a todos los calabozos, consideraba un desafío a su autoridad y una burla a él y a su familia lo que ocurría con sus hermanos, motivo por el cual no tendría reparo en echar mano de todo medio a su alcance para hacer pagar a aquel cholo por su osadía.

-¿Qué tranza cabrones, qué pedo?

Contestó Matehuala:

-¿Qué pedo Juan, por qué te ves tan emperrado?

-Pues estoy que me lleva la verga carnal, traigo un pinche coraje de aquellos

-Pero ¿por qué bro, a quién hay que chingarse?

-Qué intuitivo eres mi Mate, a huevo que se trata de eso, hay que chingarse a un pasado de lanza del barrio.

-¿Neta carnal?, pues tú di qué pedo y lo enfierramos al culero, pero ¿con quién es el desmadre?

-Con el hijo de puta del Vilchis

-No mames, ¿el de los calabazos, el primo del Califas?

-Sí, con ese puto

-Pues ¿qué te hizo o qué pedo se traen?

-El muy ojete se anda tirando a mi carnalita y metió a mi carnal el Brandon a vender droga para los calabazos en su escuela, ese cabrón y todos en el barrio sabían muy bien que mis carnales tienen prohibido jalar con las pandillas y a ese cabrón le valió madres, además ¿Cómo se le ocurre meterse con mi hermana al puto, le saca un chingo de años y además es un putañero?

-No mames pinche Juan sí se pasó de lanza ese vato, y ¿qué procede, lo volamos?, ya sabes que en corto se arma.

De pronto intervino el camello:

-Chale Juan, qué mal pedo lo de tus carnales, pero piénsale chido que tan conveniente para el barrio y para los calavera será chingarnos a ese wey, recuerda que es primo del Califas y no creo que lo tome con harto gusto, se va a armar una broncota y no estamos para andar rompiendo treguas por ondas familiares.

-A ver pinche camello, no estoy pidiendo opiniones, ni haciendo una votación sobre esta chingadera, yo ya tomé la decisión, tampoco creas que soy pendejo, sé muy bien las consecuencias y no me da miedo, y estoy dispuesto a afrontarlas. Así que, o estás conmigo o estás contra mí.

-No te emputes Juan, yo sólo te estoy diciendo que la pienses más, igual con una madriza basta para que ese wey se aliviane, o quizá ni eso con que lo parles el wey lo entiende, pero hay que medir los costos que nos puede traer chingarlo.

-Pues a mí me vale madres, ese puto se metió conmigo y con mi familia y lo va a pagar.

-Wey y si primero lo consultamos con el guerrero.

-Mira hijo de tu puta madre aquí ¿qué chingados tiene que ver el guerrero?, si vas a ir de pinche borrega, órale llégale cómo vas, pero como ya te dije si no estás de este lado a ti también te va a llevar la chingada, ¿entiendes?

-Chale pinche Juan te pones bien loco, pues si ya sabes que yo soy tu banda y no te voy a dar la espalda, nada más te digo que te pongas trucha porque se puede armar el pedo grande.

-Simón pinche camello pendejo, a mí no me des consejos ni recomendaciones porque no eres mi jefa y al puto de mi jefe ya me lo quebré así que a mí nadie me viene a sermonear ni a dar lecciones no consejos pedazo de pendejo, y que te quede claro quién manda eh wey.

-Alivianate Juan, somos carnales.

Matehuala también comentó:

-Pinche camello, pareces nuevo cabrón, aquí nos

tenemos que cubrir la espalda todos wey, tenga o no razón el Tostado, somos banda y si va uno vamos todos.

-Juan Tostado sentenció:

-Vale cabrones, pues si ya está todo dicho vámonos tendidos, agarren sus fuscas y en caliente vamos por ese hijo de perra.

Los cuatro calavera salieron del infierno con dirección a la calle Trinidad que es donde se encontraban las vecindades que habitaban y controlaban los calabazos, era una zona muy protegida por ellos y era muy raro que alguien ajeno pudiera entrar y menos aún armados; las vecindades estaban perfectamente vigiladas en entradas y salidas y en las esquinas había "halcones" que daban parte a los sicarios de cualquier movimiento extraño; los dealers tenían por los menos 5 tienditas distribuidas por toda la calle que recorría 4 cuadras de la colonia Morelos quienes estaban muy bien custodiados con tres sicarios cada uno; toda la gente ahí se conocía y eran muy unidos, tenían como sello característico ser especialmente violentos tanto hombres como mujeres y vivir siempre a la defensiva al estar identificados en la cultura de los cholos, y está por demás decir que prácticamente todas las familias estaban armadas. Los líderes el Califas, el

Vilchis y el mosco siempre estaban con por lo menos unos 10 cholos fuertemente armados con ametralladoras y escuadras, siempre en sus "ranflas" de los años 50 blindadas, atacarlos era una misión suicida.

Antes de llegar a Trinidad el camello recomendó a Juan Tostado tener una estrategia inteligente para evitar ser acorralados y evidentemente masacrados:

-Juan, no es que te esté chingando, pero acuérdate cómo está el pedo en Trinidad, wey va a estar pelado entrarle así nosotros cuatro y darles en la madre, esa pinche calle es como una fortaleza.

-Sí compita, conozco bien Trinidad, pero les vamos a aplicar la traidora, vamos a llegar en son de paz y cuando se apendejen nos los chingamos.

-¿Pero ahí wey, en su territorio?

-Es en caliente, o ¿quieres que me los lleve de paseo para volarlos?, no seas pendejo camello.

-Chale Juan, yo creo que le estás jugando mucho al vergas.

Matehuala les interrumpió:

-Juan creo que ahora sí tiene razón el camello, somos muy pocos como para meternos así de gallos, vamos a sacarlos man; mira, el atómico y yo podemos entrar y decirles que hay reunión contigo y con el guerrero, los metemos a alguno de nuestros bares y ya ahí adentro los achicalamos, será más fácil cuadrarnos así que meternos a su zona.

-¡Qué putitos me salieron pinches calaveritas!, pero para que vean que no soy un pinche tirano culero les haré caso; me voy a mover al infierno, allí los espero mientras formo a otros calavera que se pongan en las esquinas para que se chinguen a la guardia de los cholos. Me jalo con el camello y ustedes dos métanse a Trinidad y jalen a esos cabrones, ¿va?

Matehuala le contestó:

-Va eso sí va a resultar mi Juan, vámonos tendidos pues ahí nos topamos. Cámara atómico vamos por esos culeros.

Juan sentenció:

-Nos vemos allá cabrones.

Tal como lo planearon Juan Tostado reunió a otros 15 calavera con orden directa de disparar a los calabazos que trataran de intervenir; mientras Matehuala interceptaría al Vilchis y al Califas en Trinidad para hacerles la invitación a la supuesta reunión:

-¡Qué onda banda, vengo a buscar al Califas y al Vilchis!, ¿andan por acá?

Uno de los halcones contestó:

-Simón ese, pues ¿qué hay o qué?

-Pues el Juan Tostado nos mandó, para avisarles que hay una reunión para ver unos pedos con los cárteles.

-Sss, a huevo, ¿se va a armar el tiro con esos putos?

-Igual y sí valedor, la neta no sé a mí me mandaron a avisarle a tus hommies, ¿qué tranza me llevas con ellos?

-Simón ese, jálense, están en el cantón del Vilchis.

Los dos calavera fueron llevados por los cholos justo afuera de la vecindad de los líderes de los calabazos.

-Hasta aquí homs, ya no pueden pasar al chante, aguántense y nosotros los traemos, ¿vienen armados?

-Pues sí wey, ya sabes que en el barrio todos estamos armados, pero ¿cuál es el pedo? Somos todos banda ¿no?

-Simón, pero aquí a la Trinidad no se pueden meter con guns ese, así que túmbense, son las reglas de la clica y hay que cuadrarse, saliendo de la calle se las damos sin pedos.

-Chale que puta desconfianza barrio, pero va no hay pedo; cámara átomo dale tu fusca a este wey, para que no haya duda que venimos en buen pedo.

Ambos calavera entregaron sus armas y en menos de 10 minutos los tres líderes calabazos salieron al encuentro, quien tomó la palabra fue el Califas:

-¡Qué tranza esos!, mira na`mas qué chulada, dos de los calavera aquí in the home, pues ¿a qué debemos el honor vatos?

Matehuala contestó:

-Te traemos un mensaje del Tostado y el guerrero.

-Pues échale morro, ¿qué dicen esos carnales?

-Hay una junta califas, en el infierno unos asuntos con los cáteles, me dijeron que era urgente y por eso no se convocó desde antes.

-Ah chingá, qué pinches huevos de cabrones tienen ustedes pinches calavera, ¿cómo ves mi Vilchis, jalamos?

Vilchis le contestó:

-Pues se me hace muy mamona esa decisión homs, yo no había escuchado nada de juntas.

Matehuala interrumpió:

-Esa es la idea wey, creo que hay mucha oreja y por eso nada más se convocó a las cabezas de las bandas, también el nuevo líder de los molachos, el lurias irá, pero sólo es de puro jefe, de hecho el Juan y el guerrero ya están en el infierno esperándolos, así que pues cómo vean, a mi me mandaron a avisarles.

El califas dijo:

-Mmmm pues me emputa que sean así las cosas, quedamos que somos un barrio horizontal, pero pues pinches calavera ya se la andan dando de jefes, vamos cabrones sirve que paramos de pestañas al Tostado y al guerrero, aunque neta sí me extraña que hagan así las cosas.

El califas se acercó al Vilchis y en voz baja le dijo:

-No me da muy buena espina esto homs, me huele a un cuatro; jálate a varios para que estén al tiro por cualquier onda, no sólo a los que van con nosotros, llévate más bandita que se pongan en los alrededores del infierno, vamos a ver sí estos weyes no nos quieren madrugar.

-Simón ese, a mí también me huele a mierda esto, se me hace que el puto del Tostado ya se dio tinta de lo de sus carnales y nos va a querer madrugar, vamos a ponernos truchas man.

-Of course homs, truchas homs.

Los líderes calabazos rapidamente se armaron hasta los dientes y movilizaron a por lo menos 50 de sus hombres distribuidos por los alrededores del infierno, para ellos era prácticamente un hecho que se trataba de una emboscada, sin embargo decidieron asistir, en el barrio lo único que se tiene es el honor, el cual se mide con acciones estoicas, y esta era una de esas ocasiones.

Juntos los dos calavera y los líderes molachos se dirigieron hasta el Salón Infierno donde ya los esperaban Juan Tostado y el camello junto con un grupo de sicarios que superaron los 15 que habían supuesto y al final se reunieron el doble, distribuidos dentro y fuera del lugar, la cosa se pondría fea…

Al llegar los calabazos el ambiente se respiraba sumamente tenso, muy pocos clientes y todos con aspecto sospechoso, la ausencia de otros líderes y en el fondo únicamente Juan Tostado con el camello fumando en una mesa y con una actitud que a metros transpiraba hostilidad daban el panorama completo de lo que se trataba, así súbitamente el califas a unos metros de la mesa de Juan le dijo con voz desafiante:

-¡Qué pedo pinche Tostado!, ¿de qué se trata esta mamada, qué pretendes?

Juan Tostado le contesto con voz socarrona:

-Pues es una reunión privada mi califas, una junta para que platiquemos de algunos asuntitos.

-¿Asuntitos de qué ese?, a mí háblame al chile ¿qué te traes pendejo?

-Pues para serte honesto hay un pedo grande que tenemos que arreglar, pero resulta que no es contigo sino con este hijo de puta que está a tu lado.

Vilchis respondió:

-¿Conmigo qué? pinche mocoso de mierda, ¿quieres arreglar esto a putazos ese?

-Mira que chingón, tú estás más huevudo que yo, si estuviéramos del forje con gusto te partía la madre, pero hay una forma más rápida de mandarte a chingar a tu madre.

En ese instante Juan Tostado sacó su legendaria 38 y disparó contra la humanidad del Vilchis mientras de forma simultánea el resto de los calavera distribuidos por todo el lugar vaciaban sus armas a quema ropa contra los cholos; el califas fue de los primeros en caer abatido por las 10 balas que de distintos cañones cruzaron su cabeza y tronco; Vilchis cayó y permaneció inmóvil ante 5 disparos que Juan Tostado logró acertar, sin embargo, ninguno fue letal.

Los calavera salieron huyendo a toda velocidad del Infierno, al salir y después de las estruendosas detonaciones los calabazos que se encontraban afuera comenzaron a disparar contra estos; en el fuego cruzado varios calavera fueron abatidos, entre ellos el átomo. Por su parte los calabazos también serían ferozmente atacados, los balazos salían de todos lados, de las azoteas de las casas y edificios cercanos, de autos, de entre los puestos ambulantes, llegó el momento que no se distinguía quién era quién de no ser por los atuendos característicos de los cholos; Juan Tostado huía a toda velocidad con sus lugartenientes disparando a diestra y siniestra con armas que levantaban de entre los caídos y al grito de -¡ya chingaron a su madre pinches cholos culeros!- se planteaban huir por entre las vecindades, sin embargo la vida le jugaría una muy mala pasada a Juan Tostado, una de las múltiples balas que disparó dio justo en la columna de un cholo que huía del lugar delante de él, al ver Juan que había atinado al joven y este caer al suelo de manera completamente vertical y completamente tieso se acercó a él riendo a carcajadas diciéndole:

-Te di pendejo, ya te chingué pinche cholito puto, para que aprendan a no meterse conmi…

Juan Tostado no pudo terminar de burlarse de aquel vato loco cuando al verle el rosto se percató que el joven que ahora estaba completamente inválido a causa de esa "atinada" bala no era otro que su hermano Brandon Tostado…

Fue todo por esa noche.

4.
EL NUBLOSO EFUGIO

Los días consecuentes Juan Tostado se escondió en un hotel lejos del barrio para esperar que se enfriara el asunto tanto con los calavera como con su propia familia; de los pocos que conocían su ubicación eran Matehuala, el camello y el alucín quienes constantemente lo visitaban para darle cuenta de lo que ocurría en el barrio; en una de esas visitas el alucín comentaba con Juan:

-¿Cómo andas carnal, ya más alivianado?

-No wey, sigo bien emputado conmigo y con toda la pendejada que sucedió ese día, la cagué carnal, la cagué bien cabrón.

-Pues sí Juan, pero pues ya es cosa pasada, no podemos regresar el tiempo, hay que agarrarse los huevos y afrontar el asunto como va.

-Simón ni pedo, pero dime ¿cómo está mi carnal, qué hay en el barrio? Yo me la he pasado pedo estos días, metiéndome un chingo de perico para que se me olvide tanta mierda, pero pues ya es momento de ponerme las pilas.

-Pues ahí te va wey. Tú carnal sigue hospitalizado, después del tiro que le metiste lo llevaron a urgencias junto con otra banda nuestra y de ellos que quedó bien madreada, tú carnal ya no va a caminar wey, lo chingaste y el tiro que le metiste le dio justo en la columna, sigue vivo, pero completamente jodido, supe que tus carnales y tu jefa no te quieren ver, por ahí se dice en el barrio que para ella tú ya estás muerto cabrón.

-No mames me imagino, ¡qué poca madre, qué puta suerte tengo chingao!

-Simón wey, pues con tu familia ese es el pedo, en cuanto al Vilchis, pues ¿qué crees wey?, ahí sí no tuviste tino mano, ese cabrón sobrevivió a la plomiza que le metiste y está igual en el hospital, pero se dice que está como si nada, bien entero y con unas ganas chulas de partirte tu madre, eso es lo que los cholos andan ladrando.

-Hijo de su reputa madre, ¡cómo se me fue a escapar ese wey!, no mames. ¿Y el califas?

-No, a ese vato sí se lo chingaron, le entraron balas por todos lados al pobre wey.

-Chingada madre, con él ni era la bronca, y ¿qué pedo con los calavera, cómo quedó la banda?

-Pues mira, tus morros los calaverita y varios de antaño dicen que está chido que se haya dado el trenzón, es más muchos andan bien calientes y quieren desmadrar a los calabazos que quedaron, pero otros, comenzando por el guerrero, están que se los lleva la chingada, súper emputados contigo y con todos los que fueron a la plomiza.

.-No mames, ¿neta está muy emperrado el guerrero?

-Sí wey, yo que tú no me le paraba enfrente en un rato, capaz que te madrea o hasta te quiebra.

-Pero no mames, no me puedo quedar aquí, me tengo que mover, tú ¿Cómo ves?
-Mira Juan, en el barrio la mitad de la gente te

tiene miedo dicen que eres el pinche diablo, que tienes hartos huevos y que te vale madre chingarte hasta a tu familia, yo creo que traes ya un pinche nombre bien pesado, pero también ya la debes por muchos lados y mucha banda ya no confía en ti, entonces está cabrón. Yo digo que debes esperar a que se enfríen las cosas más, pero sin dejar de tener presencia en el barrio.

-¿Y cómo chingados puedo hacer eso?

-Pues ahí te va, con todo este desmadre que se trae el gobierno y sus mamadas del combate al narco la cosa ya se puso caliente con los cárteles, los alfas ya nos mandaron a la chingada y van a chambear con el chivo y su patrón el Malpica; me enteré que el Barrabás ya les está suministrando merca a cambio de protección y armas, en poco tiempo el barrio se va a comenzar a atascar de alfas y nuevamente de tiras, se va a poner cabrón.

-Y luego wey, ¿yo qué puedo hacer?

-Pues yo y el guasón nos adelantamos a los hechos y junto con el nuevo líder de los molachos el lurias, comenzamos a conectar con los Xolalpa, esos weyes son de la vieja escuela, no son pasados de lanza como los pinches alfas que son puro ex milico mercenario y ya quieren

37

meterse a business de secuestro, trata de personas y exttorsión pero en mal pedo, igual que los pinches puercos del chivo. Con los Xolalpa podemos conectar droga, armas y hacer una buena alianza para defender el barrio y chingarnos a la gente de Malpica y el Barrabás.

-Va wey suena bien, pero ¿cómo vamos a organizar todo el desmadre?

-Pues ahí es donde entras tú Tostado; ahorita que no puedes estar al cien en el barrio lo ideal sería que te lanzaras a Sinaloa, la Meca del cártel de los Xolalpa, básicamente a curtirte, a aprender el pedo de la producción de droga sintética que es lo que va a jalar machín aquí y sobre todo a estrechar los lazos con esa gente, nos va a hacer mucha falta esa alianza y nos va a fortalecer.

-Pero pues si me pelo, ¿Quién va a mover a los calavera, sobre todo a mi gente?

-No mames Juan, pues el guerrero se quedará al frente, ese wey podrá estar muy emputado contigo, pero es tan pinche leña que no te chingaría si sabe que te lanzas a Sinaloa a forjar la alianza, para ese wey primero está la banda y el barrio y luego los pedos personales, además con el tiempo ya se le bajará la muina, estoy seguro.

-¿Y mi gente cabrón, qué pedo con los calaverita y mi familia?

-No mames, no entendiste la parte de que ya tu pinche nombre es leyenda, un chingo de banda ya hasta te ve como pinche ídolo, los morritos en la calle juegan a ser Juan Tostado, varios de los calavera dicen que tú serás más cabrón que cualquier wey del barrio, entonces esa ausencia hasta generará morbo y como siempre pasa ese misticismo de tu nombre seguirá creciendo con las historias que se generen sobre tu paradero. A tu familia no le va a faltar nada wey, los calavera nos haremos cargo de todo el pedo con ellos, tú confía pinche Juan, además no tienes de otra, si regresas ahorita al barrio créeme que ni vas a saber por dónde y de quien te entra el primer plomazo.

-No mames pinche alucín, pues no suena mal, pero ¿me iría yo solo con esos pinches narcos?

-No wey, llévate al putito del camello, ese wey aquí no nos sirve para ni madres sin ti, es un pinche cerebrito y será de mayor utilidad allá aprendiendo el jale de las anfetas y la nieve, ese wey puede llegar a ser un buen cocinero si se pone las pilas, te lo voy a mandar para que se apliquen allá, ¿cómo ves?

-Me late la idea, ese bro es de toda mi confianza, pues no se hable más pinche alucín conéctame con esa banda y nos rifamos.

-Vale Juanito, ponte chingón, mañana arreglo todo el pedo con el indio Xolalpa que es el mero efectivo allá, te consigo los boletos de avión y te me mueves para allá.

-Ya vas pinche alucín, así le hacemos.

Justo como lo pactaron al día siguiente el alucín tenía listos dos boletos de avión de ida para Juan Tostado y el camello con rumbo a Sinaloa, pasó por ambos jóvenes y los llevó al Aeropuerto de la Ciudad de México donde les dijo:

-Pues cámara cabroncitos ya está todo puesto, aquí están sus boletos, su avión sale en dos horas pero ya tienen que pasar a la sala, esta es la clave con la que los van a recibir allá en Culiacán los del cártel.

El alucín saco de su portafolios dos pequeños artefactos que para aquella época y el contexto del barrio parecían propios de una película de Hollywood, se trataba de dos teléfonos móviles de rimera generación los cuales jamás habían usado los adolescentes criminales.

-Tomen estos teléfonos, es para que en todo momento estemos en contacto

Juan sorprendido le dijo:

-No mames, son celulares, chale estas madres sólo las había visto con la banda de mucho varo

-Pinche Juanito, estás ya en el siglo veintiuno, no seas cabrón, acostúmbrate. Estas madres las van a traer siempre con ustedes con la pila bien cargada, yo les voy a meter lana para que contesten y llamen, así que no hay pretexto, eso nos mantendrá comunicados; de cualquier forma el indio Xolalpa y yo siempre hablamos por el negocio, así que pónganse chingones.

-Cámara alucín, a huevo ahora sí estamos poniéndonos al tiro como mafia de primera.

-A huevo pinche Juan, pues cámara no les quito el tiempo, ya vayan a que les chequen sus boletos para que ya se muevan, en un par de horas estarán llegando a Sinaloa y luego luego hay que ponerse a trabajar, órale a la chingada.

-Ya estás pinche alucín, pues en lo que quedamos cabrón, ya sabes que si me aplicas una chueca vengo y te corto los huevos.

-Jajaja sáquese a la chingada pinche escuincle, váyase a hacer hombre al norte…

5.
EL ARREDIL CULICHI

Una vez arribando a la ciudad de Culiacán Sinaloa Juan Tostado y el camello inmediatamente buscaron al enviado que iría por ellos, un tal Egregio quien sería el encargado a conducirlos al cuartel general del cártel de los hermanos Xolalpa. Los dos pandilleros llegaron con muchas dudas e incertidumbre, jamás habían salido del barrio y todo en absoluto era novedoso para ambos, y evidentemente desconfiaban por completo de lo que sería su futuro en aquel lugar, todo era posible viniendo de un lugar en el que había que cuidarse hasta de la propia sombra y al parecer en aquella lejana tierra la cosa no era muy distinta; al llegar y encontrarse con el narcotraficante se dijeron:

-Hola don, ¿usted es Egregio?

-Depende quién y para qué

-Pues ni modo que para agárralo a besos, yo soy Juan Tostado y este es el camello.

-Mira pinche plebe a mí no me andes con bromitas pendejas, no me digas que ustedes son de los calavera.

-Yo me evito las bromas y usted las preguntas pendejas ¿estamos?, y sí a huevo nosotros somos del barrio de la Morelos, nosotros somos de las cabezas de la banda.

-Aquí no vengas con esa pinche actitud chaval, estás muy lejos de tu barrio y de tu bandita y si se me da la pinche gana te meto un tiro entre ceja y madre y aviento tu cuerpo a la sierra a que te traguen los animales pendejo y nadie vuelve a saber de ti y de tu puta existencia, aquí no eres nadie pendejito, aquí mandan los Xolalpa y tú sólo estás de invitado por los negocios que tenemos allá, así que bájale a tu desmadre o ya sabrás por qué somos el cártel más chiludo de todo el país.

El camello con un rostro completamente aterrado volteó y con voz temblorosa y discreta le recomendó a Juan:

-Wey mejor ya no estés provocando a este ruco que se ve que es un hijo de la chingada, ya viste su pinche pistolota, se ve que aquí también son bravos y no se andan con mamadas, mejor vamos a llevarla relax, no mames.

-Pinche camello, eres un puto, no sólo hay que ser aquellos en el barrio, el respeto hay que ganárselo en todos lados y no podemos llegar con la cara para abajo creyendo que así nos van a considerar, simón están en su tierra pero que no quieran agarrarnos de sus pendejos.
Don Egregio interrumpió el murmullo:

-Bueno ya pinches niñitas dejen de estarse secreteando chingao, tenemos prisa, así que arre vámonos pa` afuera, allá está la troca, aquí van a aprender a hacerse hombrecitos y formarse huevos no sólo andarlos presumiendo, luego luego se les nota lo chilangos, pinches hocicones.

-Dale pues chinga, vámonos- respondió Juan.

Los tres salieron del aeropuerto y abordaron una camioneta suburban del año con todos los lujos habidos y por haber la cual era manejada por un joven de aspecto indígena yaqui; la camioneta iba escoltada por otras dos del mismo modelo, un poco más austeras pero que en cada una llevaba cuatro pasajeros fuertemente armados.

Cuando abordaron el olor a marihuana era intenso, la música de banda con narcocorridos sonaba a un volumen bastante molesto para los poco acostumbrados oídos de los chicos citadinos; los artilugios como patas de chivo en el retrovisor, figuras pequeñas de Jesús Malverde, el santo local, y de la Santa Muerte, los acabados de piel con adornos de oro y piedras preciosas y por lo menos cinto AK-47 en la parte trasera hacían de aquel vehículo un pequeño museo del narcotráfico y la narcocultura. Ya dentro de aquella singular camioneta Egregio les dijo:

-Pues órale plebes, ¿qué van a querer? Hay perico, mota, piedra o anfetas, ¿qué se chingan para el camino?

Juan Tostado contestó:

-Chale don vamos llegando y en corto ya nos quiere enviciar, aguante.

-Uy pinches putitos, no me digan que no le

meten a nada.

-A huevo que sí, pero vaya a saber sí sus chingaderas traen algo y es un cuatro.

-¡Ah como eres hijo de tu puta madre plebe!, a ti ningún pinche cinturón te aprieta hijo de la chingada; te lo voy a poner así de fácil cabrón, estás en la troca de uno de los principales dealers y sicarios de los Xolalpa, yo controlo toda la plaza de Culiacán y Mazatlán que son las más efectivas del Estado, soy uno de los cabrones más pesados en el cártel, puedes preguntar por mí en cualquier lado y te dirán cagados en los calzones quién chigaos soy yo y te la voy a poner bien sencilla; si te quisiera matar, madrear o poner un cuatro como dices tú, ahorita mismo les lleno la pinche cara de plomo a los dos y no me ando ofreciéndoles del mejor material del cártel, mierda como esta ni siquiera la vendemos en México, esta se va al gabacho y si me estoy portando amable es porque el indio Xolalpa me los encargó, así que aliviánese ya, deje de estar cuestionándome y chínguese algo antes de que me encabrone y se me meta el pinche diablo. Órale lléguenle a un cristalito.

-No mames, yo nunca me he metido una de esas madres, no sé ni que pedo.

-Pues ahora es cuando plebe y es cortesía, órale usted también pinche camello pa´que se pongan en sintonía.

Ambos probaron el cristal por primera vez en su vida, que les generaría a ambos adicción a él que duraría toda su vida, esa oleada inicial de aceleración cardiaca y metabólica, su elevada presión arterial y su pulso les hicieron sentir la sensación de la cocaína pero con un efecto más placentero y retardado, ambos se sintieron en el cielo.

Finalmente después de unos 30 minutos de viaje y pasando por zonas desiertas llegaron a la casa del mismísimo indo Xolalpa, el legendario narcotraficante que había sido pionero en los años 80 de este negocio junto con el serrano Quintana y el play boy Garduño y que contrario a ellos seguía en libertad, operando y gozando de una inmensa fortuna amasada en años en el negocio; el indio Xolalpa había sido compadre del Señor de los Cielos quien años antes había muerto y tenía como su principal rival al Barrabás de los alfas.

Su fortaleza era una enorme finca de varias hectáreas con enormes murallas en su perímetro de por lo menos unos 4 metros de alto, torres de vigilancia en los cuatro puntos cardinales y varias salidas tanto superficiales como túneles subterráneos; Todas las entradas y salidas a la finca estaban fuertemente custodiadas por elementos equipados con armas que iban desde escuadras hasta granadas e incluso en algunos puntos bazookas, era un verdadero bunker; pasando las enormes murallas el panorama era realmente paradisiaco, había granjas, zonas de cultivo, caballerizas, casino, jardines, salas de fiestas, albercas, juegos infantiles y entre pequeñas lomas se asomaba la residencia, una casa de tipo campestre con acabados de finas maderas y roca volcánica traída hasta Sinaloa desde el eje neovolcánico, un verdadero monumento arquitectónico hecho a desniveles y con una combinación de la vida rural con los más exquisitos lujos urbanos.

Al llegar ambos calavera fueron revisados hasta por la nariz, interrogados y amenazados. Los llevaron a un salón donde había una gran mesa de madera, que encima tenía charolas de plata y diamantes con un verdadero manjar de drogas, todas las que ellos conocían y hasta las que no imaginaban que existieran, en una esquina una cantina con una gran barra con licores de todas partes del mundo y añejamientos, algunas de esas botellas superando el valor de 100 000 dólares, cabezas de astados en las paredes, muebles cubiertos de piel de felinos e incluso un elefante y un oso disecados resguardando la chimenea; de pronto varios sujetos armados entraron repentinamente por una de las enormes puertas de cristal templado, todos con botas sombreros y camisas rancheras, detrás de ellos un hombre de unos 50 años, alto, de complexión robusta y de buenas hechuras, con un rostro de facciones sumamente duras, piel cobriza y un tupido bigote que hacía recordar al de los revolucionarios villistas, vestía como un vaquero texano con una elegancia irresponsable, mancuernillas de oro, cinturón de boa, botas de piel de caimán y en la cintura un par de pistolas Browning 9mm bañadas en oro y con incrustaciones de diamante en forma de X en las cachas, se trataba ni más ni menos que del jefe, el indio Xolalpa.

Se acerco con paso firme y contundente a donde los dos jóvenes lo miraban con asombro y miedo, esto no se parecía en nada al barrio ni a los líderes que habían conocido en su vida; el indio Xolalpa los miró con cierta gracia y con su voz grave y varonil les dijo:

-Así que aquí tenemos a los dos plebes que nos manda el alucín, los miembros de los calavera que nos van a visitar por un tiempo, a ver pues chavales quítense esa cara de putas viendo a su chulo y díganme sus nombres.

-Yo soy Juan Tostado señor y él es el camello.

-Ah cabrón y que él no sabe hablar o ¿qué es tu vieja?, no me vayan a salir que son putos porque pinches chilangos cada vez se vuelven más mañosos.

El camello con un nudo en la garganta respondió:

-Sí señor, sí se hablar.

-Pero ya pues, relájense ¿cómo los trató el chigao Egregio?, me los espantó verdad plebes.

Juan contestó:

-No señor, nos trató muy bien, lo que pasa que nosotros venimos de un barrio, y pues en nada se parece a lo que estamos viendo, desde el avión hasta su cantón está de poca madre, todo nos tiene bien sacados de onda.

-Ah pero que pinche feo hablas plebe, no cabe duda que no sólo el tonito tienen feo sino tanta palabreja que ya ni sé qué idioma hablan. Pero tienes razón en nada se parecen los mugrosos barrios de la capital a este paraíso que es mi tierra mi Sinaloa, el lugar más pinche hermoso del mundo chigao, tierra fértil, llena de riquezas de todo tipo, de hombres cabrones y con huevos y con las mujeres más hermosas del mundo, esta es la tierra de la abundancia y de la felicidad.

-Sí señor se ve que todo por aquí está a toda madre.

-Bueno pues, ya basta de tanta puñetez, a ver Gaudencio, sírvele unos tragos a éstos plebes para que podamos hablar de negocios.

Uno de los hombres que llegaron con el indio Xolalpa les sirvió cognac en las rocas y junto a los vasos de los calavera colocó por lo menos medio gramo de cocaína pura en línea junto con unas pajillas de plata. Al indio le sirvió un tequila.

El indio Xolalpa les dijo:

-Pos órale, salud!

-Salud señor- repitieron ambos.

-Pos órale pues, me pidió el alucín que los tuviera aquí un rato pa´que aprendieran del negocio, el me dijo que tú Juan Tostao era uno de los meros chingones allá, pero francamente yo esperaba ver a un vato más curtido, tú eres un mocoso, ¿pos qué edad tienes?

-16 señor, estoy por cumplir 17.

-¡Ah jijo de la fregada!, eres un niño, de la edad de mi hijita la Clarisbeth, y ¿cómo es que chingaos ya eres de los buenos allá, pos a qué edad comienzan con las pandillas?

-Pues yo tengo unos meses, ya con los calavera, pero pues me he ganado mi lugar con huevos y barriendo a mucho pinche wey que se sentía intocable allá.

-A poco sí los tienes bien puestos, qué se me hace que eres puro pico pinche morro.

El camello interrumpió:

-No señor, la mera neta el Juan sí se ha ganado su lugar allá, se quebró a varios de los cabecillas del barrio, le ha metido huevos e incluso hasta a su papá se voló.

-¡Pa`su puta madre!, ¿te cae que mataste a tu apá pinche plebe?

Juan le respondió:

-Sí señor lo tuve que hacer por el bien de la banda y de mi familia, gracias a eso los calavera hemos estado creciendo y ahora mismo somos la pandilla más chingona en el barrio.

-No pos sí estás bien pinche loquito, jajaja me recuerdas un libro que leí de chaval, ese del Edipo Rey, ¿les gusta leer?

-No señor a mi me caga, pero el camello sí lee un chingo es bien cerebrito el cabrón.

-Ah mira que interesante ya lo pondremos a estudiar más, y tú Tostaó, ¿pa qué eres bueno?, digo aparte de pa matar gente.

-Pues yo soy bueno para los chingadazos, para menear gente, para hacer negocios, pero sobre todo para matar, eso se me está haciendo vicio.

-Ok, pues tienes muchos de los ingredientes para llegar lejos en esto, pero no se te olvide una cosa pinche cabrón, no puedes desconocer a tu familia, es lo más sagrado que tienes, tampoco a tu gente, a tus amigos, a tus aliados, en este negocio la lealtad lo es todo, y la traición se paga cara, supongo que eso ya lo saben ¿cierto?

-Sí señor, pero creo que aquí eso nos quedará más claro.

-Seguro que sí cabroncitos, seguro que sí. Pues bueno descansen de viaje, atásquense de esa nieve que es de la más chingona que hay y en un rato les explico cómo se van a mover aquí. A ver Wenceslao, ahorita que se terminen su pisto y su perico los llevas a la habitación de huéspedes y me los instalas, yo voy un rato a checar la siembra y por la tarde noche nos vemos, bienvenidos a Sinaloa calaveras.

Después de ser instalados en lujosas habitaciones, haber comido manjares de la región y haber probado las mejores drogas del país, los dos calavera fueron llevados al vestíbulo de la mansión donde estaba el indio Xolalpa con varios jóvenes y unos 20 hombres armados de los que habían estado por al medio día en el salón. El indio les dijo:

-Ora plebes, bueno pues los mandé traer para presentarles a nuestras fuerzas básicas del cártel, es decir la sangre joven como ustedes, miren les voy presentando a cada uno; este es el mero chingón de los plebes, es el Donato, además de que es mi hijo es un fregón para los chingadazos y para el negocio, con él van a pasar la mayoría del tiempo y tanto le van a aprender como también quiero que me le enseñen las cosas de su barrio, pronto lo voy a mandar a estudiar la universidad al gabacho y no quiero que vaya como paisano sino que quiero que sea un cabrón de mundo, que se la sepa de todas pues.

Este pinche pelirrojo es el archi, es un hijo de su pinche madre como tú Juan Tostao, le encanta meterse en pedos, pero es bien leal es pinche rojito; este otro es de mis favoritos, le decimos el mixe es un indio de raza pura como yo, no hay un wey más noble y leal que él, además es un chingonazo para partirse el hocico, él solito ha madreado militares y policías armados, no habla bien el español pero entiende todo, así que abusados con él pinches chilangos; este de acá es el vitolo, pinche flaco, larguirucho y pescuezón tiene tino de apache el hijueputa, yo no sé qué armas manejen, pero este plebe les va a enseñar a usar armas de verdad como las que trae mi gente, no pistolitas ni mamadas de esas, sino metras cuernos de chivo, granadas, bazookas, escopetas y todo lo que usamos los cabrones de verdad; este pinche junior también es mi hijo, le decimos el indito se llama Chucho como nuestro santo Malverde, este plebe está aprendiendo a llevar las cuentas y cerrar los negocios y finalmente ella es mi otra hija Clarisbeth, ella es mi tesoro y todos en este Estado saben que si le pasa algo pongo de cabeza al mundo, a ella la deben de respetar cabrones, atender y cuidar como si fuera su propia vida.

Pues estos son mis plebes con ellos estarán hasta que sea conveniente otra cosa, así que más les vale llevarse suave y no meterse en pedos unos con otros porque no están de campamento de verano, están en entrenamiento y el primer cabrón que falle o haga alguna pendejada no sale vivo de aquí, ¿les queda claro sobre todo a ustedes pinches chilangos?

Juan Tostado respondió:

-Más claras no pueden estar las cosas…

6.
JUEGO DE VILLANOS

Las semanas subsecuentes fueron de adaptación y aprendizaje dentro del cártel de los Xolalpa, tanto Juan Tostado como el camello tuvieron un proceso en el cual se dieron a la tarea de pasar todo el tiempo posible pegado con los jóvenes del cártel, con los productores de droga y con los sicarios, eran las áreas que más le interesaban a Juan Tostado, pues él tenía como proyecto a corto plazo poder convertir a los calavera en una pandilla autónoma de los cárteles y no únicamente en aliados y distribuidores como hasta ese momento lo eran en el barrio, su idea era que el camello aprendiera los procesos de producción y logística, mientras que él quería dominar el manejo de armas y conocer con detalle la estructura del cártel.

Ambos calavera matuvieron durante su estancia un comportamiento muy cauteloso y disciplinado, pues sabían de sobra que la gente de Sinaloa era de armas tomar y la mayor sospecha de traición o al darse un comportamiento que les hostilizara los podían liquidar sin ningún recelo. De esta forma actuaron con el mayor sigilo posible y poco a poco se fueron ganando a todo aquel con quien convivían hasta que esa paz comenzó a perder equilibrio durante esa mañana del año 2000.

-Órale Juan ya levántate cabrón que va a pasar por nosotros el vitolo con unos sicarios para irnos a enseñar las nuevas metras que les van a traer del gabacho, y ya casi llegan.

-¡Ahh pinche camello, no mames!, aguántame que todavía traigo el viajesote de las anfetas que nos metimos ayer después de la fiesta de Guamuchil, también ando bien crudo cabrón.

-No la chingues Juan ya te estás volviendo bien atascado, con estos weyes te drogas casi diario y agarras la peda bien denso.

-¡Uy cabrón, ahora me vas a limitar!, ya pareces mi jefa wey, pues muy mi bronca como me la ponga ¿no loco?

-Sí, yo sé que es tu pedo cómo te pongas mano, la cosa es que así no vas a poder aprenderle chido a esto, y pues no vinimos a cotorrear, estamos aquí para ponernos chingones, ¿ya se te olvidó?

-No se me ha olvidado pendejo, pero para eso te traje a ti, tú eres el que debe estar trucha, las armas las aprenderé a usar pedo o drogado, pero tú sí debes estar entero para los procesos y la logística, así que no te pongas mamón.

-Pinche Juan, no mames…

Mientras tenían esta pequeña discusión, de pronto sonó el móvil de Juan Tostado. Éste contestó la llamada que provenía de la Ciudad de México, del alucín:

-Bueno, ¿quién habla?

-¡Qué onda juanito, soy yo el alucín!, ¿cómo van por allá morros?

-Hola pinche alucín, todo bien aquí vamos adaptándonos poco a poco al desmadre de estos weyes, bueno el camello se pone un poco pendejo pero todo bien, ¿por allá qué tal va la cosa?

-Pues acá está caliente el barrio Juan, tal como lo dejaste aunque se ha puesto peor porque ahora el pedo no es únicamente con el chivo, ya los alfas se están metiendo machín en todo el barrio, además aún no se aliviana la cosa con el Vilchis, sigue bien trenzado y los topones están al día con los calabazos, a huevo quieren tu cabeza wey.

-No mames sí me imagino y no pudo parar la bronca el guerrero entonces.

-Nel cabrón, el guerrero intentó parlar y negociar, pero el Vilchis dijo que la única forma de parar la bronca es que te pusiéramos, dice que como tú quebraste al califas esto solo termina con ojo por ojo.

-Ese hijo de pinche madre, me lo debí de haber volado a él también, pero en cuanto regrese le voy a dar cuello al pinche cholo mugroso ese.

-Pues ya vemos Juan, ahorita es mejor que estés allá y no hagas pedo.

-Y mi familia wey, ¿cómo están?

-Pues tu jefa no ha querido recibir la plata que le

hemos querido dar, dice que no quiere saber nada de las pandillas y tu carnal sigue en el hospital, tus carnalitos no van a la escuela y a tu hermana ya no la he visto wey, toda tu familia quedó amenazada por el Vilchis, pero pues nosotros andamos al tiro protegiéndolos.

-¿Cómo que no han visto a mi carnalita?, no mames búsquenla y díganme qué pedo con ella. No mames alucín, te los encargo un chingo wey, si les pasa algo me voy a poner súper pendejo.

-Alivíanate Tostado, aquí les echamos ojo y en cuanto sepa dónde anda tu hermana en fa yo te aviso. Y ustedes ¿qué pedo cómo van con su misión?

-Pues bien, precisamente ya tenemos que irnos ahorita a ver a los sicarios para calara las armas, y ya en unos días nos vamos a ir metiendo a los campos y laboratorios.

-Muy bien Juan, y el indio no se les ha puesto pendejo, abusados con ese wey, navega con bandera de pendejo y buena gente, pero es un cabrón, ese wey no anda con mamadas no lo olvides, no por nada es el capo más cabrón del país, incluso dicen que es mucho más de lo que fue Pablo Escobar, tengan cuidado y no se confíen allá.

-Simón carnal, poco a poco vamos calando el terreno, vamos a andar bien truchas, por cierto ya te tengo que colgar porque ya mero nos tenemos que ir wey, pero me dio gusto parlar contigo, trata de mantenernos informados, acá nosotros también les estaremos pasando el dato de cualquier pedo.

-Cámara pinche Juan, ahí salúdame al camello.

-Órale, yo le digo, chido carnal y ya sabes ahí te encargo a mi gente wey.

-Simón Tostado, échenle huevos.

-Sobres, así quedamos valedor.

Ambos jóvenes se alistaron rápidamente y fueron al encuentro de los sicarios del cártel y del Vitolo quien era el más joven del comando y sería el instructor de los calavera.
-Qué onda pinches chilangos, se pasan de reata, quedamos a las 9am no a las 9:40, pues ¿qué la puntualidad no se conoce allá o qué pedo?

-Perdón flaco, el Juan andaba bien madreado de la fiesta de ayer.

-Órale pinche camello, no seas borrega, simón vitolo ando madreado por el cotorreo de anoche, perdón wey.

-¡Arré pinche Juan Tostado eres un desmadre!, pues chingao vámonos a la bodega ya están allá los demás.

Subieron al cadillac del joven narcotraficante y se dirigieron a una enorme bodega en la serranía sinaloense a la cual llegaron dos avionetas cargadas con arsenales propios de un ejército nacional, entre algunas de las armas que se contaban por cientos había granadas antitanque M-90, fusiles AK-47, AR-15, lanzagranadas y lanzacohetes, así como miles de municiones; aunado a esto uniformes de camuflaje, equipos de radiocomunicación, equipos de visión nocturna, fornituras, botas y chalecos tácticos así como minas antipersonales. Todo el armamento fue acomodado con muchísimo orden y precisión por los miembros del cártel; la inmensa bodega quedó abarrotada y los jóvenes no podían contener el asombro ante tan majestuosa muestra de poderío, no les alcanzaba la mirada para notar el final de los anaqueles de armamento.

Ellos únicamente habían visto armas parecidas en

las películas de guerra, en el barrio jamás se había visto algo parecido. Juan le dijo al vitolo:

-No mames carnal, qué chingonería de armas manejan, están cabrones wey.

-Cinta vato, es lo mero chingón del armamento, los gabachos lo usan para madrear a las guerrillas, creo que las venden en sudamérica y en Centroamérica.

-Están chingonsísimo todo esto wey, no mames ahora entiendo por qué el ejército y la tira se las pela y les tiene miedo, pues con esto ni como chingaos los paren de pestañas.

-Sí Juan, pero estas armas casi ni las usamos contra el gobierno, con esos weyes nos arreglamos con billete, mercancía, sociedades y favores.

-Neta, esos culeros del gobierno entonces son pura pinche lengua, según que van a meter mano dura contra los cárteles.

-Esas son puras mamadas Juan, lo dicen para que la gente no se dé cuenta que están metidos hasta las narices en esto, reciben mochadas, se meten droga como puercos, hay miembros del cártel metidos en todos los niveles de gobierno y obviamente de repente les hacemos favores; esos enfrentamientos con los milicos o con los federales se dan cuando algún arreglo se rompe, cuando otro cártel pacta con ellos y nos quieren chingar o simplemente cuando quieren dar una bomba en las noticias, pero nada de eso es por acabar con nosotros, a esos weyes les conviene nuestro Business.

-Y entonces todas estas armas ¿qué pedo con quien la usan?

-Pues son para enfrentar a otros cárteles vato, ese sí es el rival a vencer, sobre todo los alfas, esos weyes están pesados compran armamentos igual o más cabrones, a ellos se los venden los ejércitos Centroamericanos y hasta el de aquí, acuérdate que esos weyes eran milicos, ahí nos tienen ventaja, los cabrones saben manejar bien los armamentos y están entrenados, nosotros apenas andamos en esas, justamente tú recibirás ese entrenamiento también.

-No, pues está bien loco el pedo mano.

-En antaño, cuando se comenzaron a formar los cárteles había treguas, el indio Xolalpa era compadre de Señor de los Cielos de Chihuahua, tenía treguas con los del Golfo y los gemelos Severiano de Tijuana respetaban las rutas y las plazas a cambio de lo mismo; fueron los años dorados del negocio.

-Y luego cabrón ¿qué pasó?

-Pues hace un par de años aparecieron los atascados de los alfas, esos culeaos eran unos pinches piojos, los primeros como el barrabás desertaron del ejército, eran paramilitares con los que el gobierno quería chingar a la guerrilla de Chiapas, pero pues les ganó la ambición y se metieron de sicarios con los del Golfo. Ya después comenzaron a conocer bien el negocio y comenzaron su propio cártel.

-Simón esos weyes eran los que metían la droga al barrio cuando movía el cráneo, a ese wey yo me lo chingué y después de todo el desmadre que se armó y la nueva onda política, los alfas al parecer se alinearon con los tiras y un cabrón que se llama Malpica.

-Pues sí esos weyes no conocen la dignidad; la vieja escuela del narco tiene varias leyes de oro, no tocar a la gente, no chingar al pueblo con nuestros negocios y respetar las treguas, ninguna de esas cosas está en el código de los alfas, para esos puñales solo imposta la feria y el poder, son unos mercenarios sin honor. Nuestro cartel nunca ha secuestrado, nunca ha torturado inocentes, no violamos a lo pendejo, no prostituimos chavitas ni comerciamos con personas ni con órganos, esos culeros hacen de todo, todo lo que deje plata. Por eso estamos en guerra con ellos.

-Ah sí que son unos hijos de la chingada, y de pensar que ya se están metiendo hasta el corazón del barrio, necesitamos sacarlos a una voz.

-En cuanto el indio Xolalpa lo crea necesario les vamos a disputar la plaza Juan, aunque está cabrón que nosotros nos lancemos hasta allá, será más fácil mandarles armas y que tu gente se encargue.

-Hay que esperar, ahorita mi banda anda muy golpeada, pero pa´ eso estoy yo aquí, así que ¿cuándo comenzamos a manejar estas chuladas?

-De una vez Juanito, pásele a lo barrido.

El vitolo condujo a Juan y al camello hasta las filas de los sicarios provenientes de varias regiones de la república, algunos ex policías, ex militares, pero sobre todo gente de origen humilde que habían abandonado el campo y sus trabajos ante la entrada del TLCAN que había empobrecido aún más las ya de por si pobres zonas rurales del país, donde comenzaron a recibir instrucción y adiestramiento sobre el manejo de las armas y las técnicas de combate. Al frente del grupo había una vanguardia de individuos visiblemente extranjeros tanto por su fenotipo como por su mal pronunciado español, se trataba de un comando israelí que por una jugosa y llena de ceros cantidad de dólares prestaba sus servicios de instrucción a los miembros del cártel de los Xolalpa.

Durante varias semanas Juan Tostado y el camello recibieron el arduo adiestramiento junto con el grupo de sicarios, entre ellos estaban el vitolo, el mixe y el archi (con este último Juan tuvo pique y bronca desde el momento mismo que se conocieron en casa del indio Xolalpa); eran jornadas realmente intensas al más puro estilo de la Mossad que comenzaban a las 5am para acondicionamiento físico, posteriormente durante toda la mañana y el medio día seguían sesiones de gimnasio, defensa personal, natación, escalada, manejo de armas y tecnología bélica, día a día siguieron ese régimen hasta que finalmente obtuvieron el visto bueno como parte del sicariado y grupo de choque del cártel. Los jóvenes habían alcanzado un embarnecimiento digno de un soldado de élite, mantenían sus pueriles rostros pero presentaban físicos de atletas; aunado a esto durante el entrenamiento se trabajaban aspectos psicológicos durante los cuales eran sometidos a condiciones extremas para el manejo del autocontrol, la parsimonia y hasta cierta deshumanización; Juan Tostado se había convertido en una máquina de matar.

Al terminar los entrenamientos se formaron varios grupos que serían distribuidos por varias plazas del cártel en el país, Juan y el camello defenderían junto con el vitolo, el archi, el mixe y otro 15 elementos la plaza de Culiacán y Mazatlán, las más cercanas a la finca del indio Xolalpa y las más importantes para él, pues en ellas es donde regularmente estaban sus familiares, particularmente sus mujeres y sus hijos. Se les entregaron armas, camionetas blindadas y todo el equipo necesario para enfrentarse con policías, militares u otros comandos armados.

En cierta ocasión la hija del indio Xolalpa, Clarisbeth fue de fiesta a los antros de Mazatlán con un grupo de amigos, Juan Tostado y el archi fueron designados para cuidar de los jóvenes, particularmente de la hija del indio. Desde que salieron de la casa del indio y llegaron a un departamento de lujo en Mazatlán donde se encontraba la joven, la tensión se notaba entre ambos.

-Bueno pinche chilango, ya sabes que me caes en la chingada, así que vamos a trabajar y no quiero que hayas fallas, ¿estamos?

-Uy pinche rojito, nada más no te pongas muy león cabrón, yo sé cómo hacer las cosas, así que abusado a mí no me estés queriendo mover.

-Pues ya te lo dije cabrón, tenemos que cuidar a la hija del patrón, así que ponte atento y no vayas a hacer pendejadas.

-La única pendejada que hay aquí es que me hayan mandado contigo cabrón, yo solito me puedo hacer cargo del asunto, así que si quieres vete a tu casa y yo me encargo puto.

Mientras ellos discutían, la hermosa Clarisbeth y algunos de sus amigos y amigas abordaron una camioneta Hummer manejada por otro de los sicarios, la cual tenía que ser custodiada y sagazmente resguardada por Juan y el archi.

-Órale pinche archi, ponte chingón para manejar,

vámonos.

Al llegar al exclusivo club donde comenzarían su fiesta los invitados de la princesa del imperio Xolalpa, los dos sicarios descendieron de su camioneta y se dirigieron a ella, Juan le dijo:

-Señorita, nosotros la vamos a cuidar, estaremos siempre cerca de usted, pero usted ni lo notará, diviértase.

Ella le respondió:

-Ay qué serio eres Juanito, pues si tu eres de toda la confianza de mi apá, pues hasta viviste en nuestra casa, no seas tan formal.
El archi (quien la conocía desde la infancia) le respondió:

-Clarisbeth, deja que este pinche chilango conserve esa barrera de respeto, que no se acostumbre el cabrón a ser confianzudo.

Juan le respondió:

-Mira wey ya me estás cagando la madre, ¿a ti que te importa cómo le hable yo a la señorita pinche chismoso?

-Yo estoy dejando en claro tu papel aquí mugroso, no eres parte del cártel y no te vas a quedar mucho tiempo, así que no debes agarrar confianza.

-A ti te vale madres lo que yo agarre.

Clarisbeth los interrumpió en su batalla verbal:

-Ya estuvo bueno los dos, parecen niños cabrones. Juan tranquilo, ya te dije que no me hables así, no es necesaria tanta formalidad y tú archi deja de decirme que hacer, ya estoy nlo suficiente grande como para que tú vengas a querer imponerme cosas, así que por favor compórtense chicos, yo me vine a divertir y ustedes también lo pueden hacer, no me va a pasar nada, aquí todos conocen a mi papá, así que ya relájense, vamos para adentro.

-Ya ves pinche naco, no quiero que le arruines la noche Clarisbeth.

-Ya cállate pinche rojito puto, vamos pa´dentro.

El lugar era un verdadero monasterio del exceso, un templo de Baco; un inmenso salón de por lo menos 1500 metros cuadrados con enormes barras con los licores de mayor calidad mundial y todo tipo de bebidas servidas por bar tenders hombres y mujeres de esculturales cuerpos, espectáculos de baile y performances en los 4 pisos del antro, distintas salas con diferentes estilos musicales y un espectacular iluminado y rayos laser por todo el lugar. Clarisbeth y sus amistades llegaron directamente al exclusivo espacio VIP, el cual tenía sillones de piel, una barra con tragos y snacks gorumet y hasta un jacuzzi para la plena comodidad de los jóvenes quienes rápidamente tomaron posesión del espacio y comenzaron su excéntrica fiesta.

Juan y el archi permanecieron a unos metros de la sala muy atentos de las personas que estaban en el lugar que se contaban por miles, mantenían la mirada atenta a todo aquel que se acercaba algunos metros a la sala VIP y en ocasiones inclusive previniéndoles que se alejaran de ahí.

Así transcurrieron varias horas en las que el nivel de diversión y consumo no solo de alcohol sino de todo tipo de drogas fue cada vez mayor, ambos sicarios trataban de no perder detalle de la situación. Juan Tostado le dijo al archi:

-Wey cúbreme 5 minutos voy al baño y a darme un jalón.

-Vas culero, pero apúrate porque yo tamb́ién ya necesito nieve.

Juan se dirigió a la sala VIP donde estaban los amigos de Clarisbeth, la chica se percató de que Tostado entraba a uno de los baños privados y lo siguió. Al entrar al baño, Juan sacó de su bolsillo un papel con cocaína la cual cortó y formó en líneas para disponerse a inhalarla; al consumir las primeras 3 líneas sintió de pronto que lo tomaban por el hombro, el volteó tomando rápidamente su arma para encañonar a quien se encontrase detrás. Al darse la vuelta con gran sorpresa vio que se trataba de la bella Clarisbeth quien le dijo:

-Tranquilo Juanito, soy yo, no te alteres.

Juan trató de guardar rápidamente la cocaína, y ella lo detuvo.

-No la guardes, mejor dame ¿va?

-Pero ¿tú te metes esta madre?, no te quiero enviciar nena.

-O sea, ¿neta Juan?, soy la única hija del narco más chingón de México, el dueño y amo de la mota, la coca y ahora las anfetas en Latinoamérica y tú me preguntas si me meto coca, jajaja ¡no mames!

-Pues yo no quiero pedos con tu papá.

-Jajaja, ¿así son de putos todos los chilangos Juanito, o nomás tú?

-No nena, relájate no soy puto, pero no quiero broncas a lo pendejo.

-No pasa nada rey, a ver dame el billete ¿está buena la nieve?

-Pues date, es de la merca de tu jefe.

La pequeña Clarisbeth se metió cerca de 7 líneas de la cocaína más pura del mundo, entre línea y línea la joven daba suculentros tragos a su licor de ajenjo que hacían de aquella combinación una verdadera bomba para su sistema nervioso central sin mencionar para su sistema circulatorio. Al terminar tal exceso, volteó la mirada hacia Juan y le dijo:

-¡Ahh cabrón, qué bueno está esto Juanito!

-No mames Clarisbeth, te metiste casi medio gramo, pinche atascada, no te vaya a hacer daño.

-Tranquilo nene, apenas y me va a despertar, pero ahora que lo mencionas, yo creo que sí habrá un problema.

-Y ¿cuál es el problema?, acuérdate que yo te dije que no te metieras esa madre eh.

-Jajaja, pues la coca me pone muy horny y pues para tu mala suerte tú me gustas Juanito, me gustas desde que llegaste.

-No me hagas esto nena, tú eres la mujer más hermosa que he visto en toda mi pinche vida, pero eres prohibida, estar contigo es como jugar a la ruleta rusa pero disparando todos los tiros un solo jugador. Eres una tentación que solo un kamikaze aceptaría.

-De verdad que eres puro rollo Juan, a mí se me hace que eres puto, y a mí me gustan los machos no los pinches niños.

Clarisbeth muy molesta estaba a punto de salir del baño cuando fue interceptada por Juan Tostado quien le dio un intenso beso que fue plenamente correspondido por Clarisbeth; la intensidad entre ellos subía de tono conforme pasaban los segundos cuando de forma repentina entró al mismo baño el archi y al ver la escena muy molesto les gritó a ambos:

-¡Qué chingados les pasa!

Inmediatamente el archi se acercó a ellos y dio dos puñetazos certeros en la mandíbula de Juan enviándolo al suelo fuera de combate. Ante esta situación Clarisbeth en tono de reclamo le dijo al archi:

-¿Qué te pasa pendejo?, ya te dije que no eres mi papá para estarme poniendo límites, lárgate de aquí.

El archi con una evidente cólera le dijo:

-A mi me pagan por cuidarte Clarisbeth, y por encargarme que ningún pobre pendejo se te acerque, ¿este wey te drogó verdad?

-No, yo me drogué solita, yo le quité su coca y ¿quieres que te recuerde quién me hizo adicta, o prefieres que se lo diga a mi papá, prefieres que le diga que desde los 12 años tú me das coca para cogerme, sí quieres eso?

-Cálmate ya, alguien va a venir, te van a escuchar, ya agarra tus cosas y salte.

De pronto Juan se reincorporó y a pesar de aún estar un poco aturdido por los certeros reveses le sentenció al archi:

-Ya escuché todo pendejete, te vas a morir, si no te mata el indio te voy a matar yo.

El archi sacó su escuadra y apuntó a Juan y le dijo:

-Pues primero te mato yo hijo de puta

Clarisbeth encajó en la yugular del archi un prendedor que sostenía su cabello y cuando este bajó su arma para tomarse el cuello fue avasallado por una serie de golpes que Juan le propinó, al derribarlo Juan pateó la cabeza del archi cerca de 18 veces hasta que este quedó inmóvil y sin vida.

La chica le dijo a Juan:

-Vamonos wey antes de que vengan los de seguridad y comience el alboroto.

-¿Y tus amigos?

-Ahorita les digo que se vayan, pero nosotros nos tenemos que pelar ya.

Ambos salieron y Juan se adelantó para ir por la camioneta y dar aviso al chofer de la chica de que habían asesinado al archi. Cuando Juan salió y encontró al chofer le dijo:

-Wey tenemos que irnos y llevarnos a la señorita Clarisbeth, se chingaron al archi, debemos ponerla a salvo.

-¿Cómo que se chingaron al archi?, ¿dónde está Clarisbeth? ¿Por qué la dejaste sola?
-Ella ya viene en camino, pero ya vámonos cabrón, seguro fue alguno de Tijuana o peor de los alfas.

-No mames pues vamos por la chica.

Clarisbeth salió a toda velocidad del antro y rápidamente fue subida a la Hummer y conducida a la base aérea privada de su papá para ser trasladada en ese instante a su casa en la sierra sinaloense. Las cosas se complicaban...

7.
CALAVERA COME CALAVERA

A la mañana siguiente Mazatlán era un puerto sitiado por los hombres del cártel de los Xolalpa buscando a los supuestos asesinos del archi; Juan Tostado era parte de esa comisión, pues él era el principal testigo y formaba parte de los sicarios de esa plaza. En medio de la búsqueda sonó su teléfono, el número era desconocido.

-Bueno, ¿quién habla?

-Soy yo chamaco, el indio Xolalpa.

-Dígame señor, ¿para qué soy bueno?

-Pues eso es precisamente lo que necesito saber ¿Pa´qué eres bueno re cabrón?, necesito que te vengas en chinga pa´mi casa, que te traigan en una de las avionetas.

-Sí señor, pero se puede saber ¿para qué?

-Aquí las preguntas las hago yo pendejo, haz lo que te digo y te veo en una hora en mi casa, arre cabrón.

Juan llegó puntual a la cita con el indio; al llegar fue trasladado a aquella enorme sala donde por primera vez se encontró con el narcotraficante aunque ahora el panorama y el ambiente denotaban cierta tensión inusual desde que Juan Tostado había llegado a Sinaloa. Al encontrarse con el indio, este lo miró fijamente a los ojos, pero no estaba solo, el capo se encontraba acompañado por el vitolo, el mixe, el indito, el camello y Clarisbeth; todos igual de serios que el indio ante la llegada de Juan; el indio de forma imperativa le ordenó:

-Siéntate Tostaó

Juan se sentó y nunca bajó la mirada y contestó:

-Gracias, ahora sí ¿puedo saber el por qué me llamó?, andamos en chinga buscando a los matones del archi.

-Mira chamaco, conmigo ya no tienes que estarte haciendo pendejo, yo no me comí esa pendejada de que otro cártel se chingó al archi; llevo años en esto y sé perfectamente que ningún cártel ni los alfas que se las dan de ser los meros chingones tendría tantos huevos o sería tan pendejo de venir y chingar a uno de los míos en mi propia tierra, en Sinaloa los Xolalpa somos intocables. Entonces pues dejémonos de hacer pendejos ¿te parece?

-Pues usted entonces ya tiene su versión o ¿cómo?

-Mi versión ni que madres, tú me vas a explicar exactamente qué pasó en ese antro.

-¿Ya habló con su hija?

-Mi hija no tiene nada que hablar conmigo cabrón, ella se fue de fiesta y ustedes tenían que cuidarla, ¿en qué pinche momento se te ocurrió matar al archi y por qué chingados lo hiciste?, y más te vale que me digas la verdad y me hables con los huevos, porque si no ahorita mismo te coso a balazos chilango de mierda.

-Tranquilo indio, está bueno pues te voy a contar

toditito el asunto…

Juan le contó exactamente cada detalle de lo que sucedió esa noche, sosteniendo que asesinó al archi en defensa propia y por los agravios a su hija. El indio le contestó.

-No la chingues Tostao, ¿te cae que no me estás mintiendo, ese hijo de puta violaba a mi hijita?

-Pues señor, pregúnteselo a ella, ahí la tiene a un lado, yo no tengo por qué mentirle y ella menos.

Clarisbeth intervino:

-Papi, si tú me lo permites déjame decirte que todo lo que dice Juan es verdad, lamento no habértelo dicho antes, pero no quería que se hiciera un escándalo y menos aún que tú tuvieras un disgusto por mi culpa.

-¿Disgusto?, no chingues Clarisbeth, si tú me hubieses dicho todo antes, yo mismo le hubiera cortado la pinga a ese infeliz y se la hubiera dado a tragar, hijo de la chingada.

-Perdón papi, pensé que con el tiempo todo se olvidaría.

-No se ha olvidado nada; a ver mixe, según sé ese hijo de puta tiene una hermana de 13 años ¿no?

-Sí señor.

-Pues tienes la encomienda de ir y violarla para lavar el nombre de mi niña.

-Ta gueno señor

-Pues arré cabrón. Ámonos.

Todos en la sala estaban atónitos ante la represalia contra la familia del archi.

-Y tú Juan, pues permíteme felicitarte, hiciste muy bien tu chamba cabrón, yo confiaba ciegamente en ese pinche piojo y me traicionó, que agradezca que no fui yo quien lo mató.
-No tiene nada que agradecer señor, es mi chamba.

-Pues bueno, ahora tendrás una nueva encomienda, ya no estarás defendiendo plaza, ahora te quiero aquí en mi casa cuidando de mis hijos; tú y el vitolo van a cuidar a Clarisbeth y Chucho.

-Muchas gracias señor, para mí es un honor. Pero

abusando de su confianza me gustaría pedirle un favor.

-Pues tú dirás muchacho, estoy en deuda contigo.

-Me gustaría que también reubicara de puesto al camello.

-Ah chinga, y ¿cómo pa´qué?, ¿dónde quieres que lo pongamos?

-Mire, el camello es mi amigo desde la infancia, conozco a su familia y cuando vinimos a Sinaloa su mamá me pidió que lo cuidara, que no le permitiera conocer el dolor de la muerte de un hijo, y yo le prometí cuidar con mi vida a su hijo. Entonces me gustaría, si se puede claro, que dejara de dedicarse al sicariato y lo colocara en logística o en producción.

-Mmm pues, esos son puestos estratégicos Tostao y sólo mi familia o la gente de mayor confianza los ocupa.

-Me imagino señor, pues no hay problema si no se puede, yo sólo lo sugería, sé que también son los puestos más seguros, por eso los propongo.

-Pues déjame pensarlo, ya veré si es conveniente,

pero por mientras pues arre a darle, necesito que seas la sombra de mis hijos, ponte de acuerdo con el vitolo y desde hoy te mudas a la casa, ahí donde te quedabas hace unos meses, volverás a ser mi invitado y uno de los hombres de mi confianza.

Juan tomó posición en su nuevo puesto, menos riesgoso, mucho más cómodo y sobre todo cercano a Clarisbeth. Por su parte el indio Xolalpa cumplió su parte y colocó al camello junto a su hijo Chucho en la logística y de vez en cuando le permitía entrar a los laboratorios de cocaína y anfetaminas; a pesar de lo esporádico de los ingresos a los laboratorios, el camello pudo darse cuenta de casi todo el proceso de elaboración de aquellas cotizadas drogas y guardar en su memoria casi fotográfica dichos procedimientos.

Por su parte Juan pasaba prácticamente todo el día custodiando a Clarisbeth, entre ellos existía una muy fuerte atracción, sin embargo Juan no podía dar rienda suelta a dicha pasión y ella también lo trataba de disimular, sin embargo en las miradas, las palabras, el trato, las sonrisas y la forma de expresarse el uno del otro, dejaban de manifiesto dicho gusto mutuo. Inclusive el propio vitolo se dio cuenta de esta situación haciéndoselo saber a Juan Tostado.

-Qué cosa pinche Juanito, es bien obvio que la Clarisbeth te trae de nalgas y parece que tú a ella también, jajaja lástima por ti bro.

-Chale vitolo, neta ¿sí es muy obvio?

-Sí cabrón, muchísimo, yo no sé como el indio no se ha dado cuenta, pero espérate que lo note, a ese hombre no se le va un detalle de nada.

-Y ¿tú qué crees que pase si se llega a entera?, digo no hemos hecho nada, me refiero a sexo y eso, pero pues ¿cómo reaccionaría el don si sabe que nos gustamos?

-Pues no tengo idea cabrón, la morrilla nunca ha tenido novio, y pues todos pensábamos que era virgen hasta que salió lo del archi, y la verdad a pesar de que está bien chula, pues nadie se le acerca por lo mismo de su jefe, pero pues por lo mismo nadie sabe cómo reaccionaría el indio.

-No mames pinche vitolo, pero yo ya no me puedo aguantar, me gusta un chingo la Clarisbeth, le voy a decir al indio, total lo peor que puede pasar es que me mande a la mierda.

-O que te mate Juan, el indio puede ser a toda madre, pero también un pinche monstruo, no le juegues al vivo…

8.

EL IDILIO

Durante algunos días mientras Juan Tostado cuidaba de Clarisbeth este le sugirió comenzar una relación y dar parte al indio Xolalpa, a pesar de los riesgos que esto implicaba Juan estaba completamente convencido y resuelto en decirlo y ella le previno:

-Pues no lo sé Juanito mi papá es muy celoso conmigo, si a él no le parece que estemos juntos te puede correr de Sinaloa o hasta matarte, nunca me ha dejado tener novio, es súper machista.

-Nena, pero no podemos seguir así, además no tiene nada de malo ¿cuál es el pinche problema?, además yo ni soy del cártel, yo vine solo a aprender a mí no me puede mover tu jefe.

-Precisamente por eso, tú te puedes ir en cualquier momento y dejarme aquí como pendeja, el no va a aceptar eso, aquí la sociedad está acostumbrada a que las mujeres sean sumisas y monógamas, casi esperan que con el primer novio que tengas te cases, son unos pinches rancheros.

-Yo no tengo bronca con casarme contigo nena, tú me encantas.

-Tú a mi también Juan, pero no seas alebrestado, no la riegues. Mejor vamos a llevarla relax.

-Chale Clarisbeth, es una chingadera que uno no pueda dar rienda suelta a lo que siente por estas pinches costumbres culeras.

-Sí Juan es una chingadera, pero así es aquí, y todos y todas nos chingamos. Pero ya olvida eso quiero que me acompañes al templo de Malverde, necesito ir a pedir por unos asuntos.

-Ok nena vamos.

Ambos se dirigieron al templo de Jesús Malverde que el indio Xolalpa había mandado construir en Culiacán, era el más visitado del Estado y seguramente del país. Éste es un santo profundamente venerado en el norte de México y muy relacionado con la narco cultura. Jesús Malverde había sido un bandolero que a inicios del siglo XX robaba haciendas y a personas acaudaladas para repartir parte de los botines entre las personas más vulnerables, una especie de Robin Hood venerado por muchas personas; sin embargo la delincuencia y sobre todo los narcotraficantes del norte lo habían convertido en su santo patrono y a él le encomendaban gran parte de sus esmeros. La familia del indio Xolalpa era particularmente devota y una de las que más recursos habían destinado a la propagación de dicha fe en la región.

-Mira Juanito ese es templo, vente vamos.

-Pero yo no creo en eso nena, ¿pa´qué entro? Mejor ve tú, yo te espero afuera.

-No seas sangrón Juan, ven te voy a enseñar al santo patrón.

Los jóvenes entraron y ella le dio una larga explicación a Juan respecto a los simbolismos y tradiciones del santo, él escuchó con atención e incluso también dejó su ofrenda e hizo un par de peticiones, todas relacionadas con su familia. Al salir del templo, Clarisbeth cuestionó a Juna sobre las razones por las que estaba inmerso en la delincuencia y sobre su familia y amigos.

-¿Y tú Juanito, qué onda por qué te dedicas a esto si estás bien chavo, dónde están tus papás o qué?

-Pues yo vengo de un barrio súper violento nena, allá casi nadie tiene una vida "normal", en algunas cosas nos parecemos a ustedes, pero la diferencia es que en el barrio o eres pandillero o estudias y te largas del barrio o eres comerciante pero tienes que lidiar con la violencia y extorciones de las bandas; yo el año pasado traté de cambiar las cosas, pero está muy cabrón, hay muchos intereses de mucha gente y a cada rato vuelve a arder todo lo que parecía haberse apagado.

-Sí te entiendo aquí también la paz dura poco, y ¿tus papás?

-Uy, mi jefa en el barrio aún, pero al parecer no quiere saber nada de mí y a mi papá lo maté por culero.

-¡No chingues Juan!, ¿cómo que lo mataste? Y tú mamá ¿por eso no te quiere ver?

-Pues ese wey era pandillero, pero trataba de la chingada a mi jefa y a nosotros, además era un traidor a la banda, los calavera que es a la que pertenezco, y pues por eso le metí un balazo, así comenzó mi leyenda en el barrio. Y mi jefa no quiere saber de mí porque dejé inválido a mi carnal menor.

-No friegues, y ¿por qué hiciste eso Juan? Aquí la familia es sagrada, no mames.

-Lo de mi carnal fue un accidente, pensé que era otro culero, y lo de mi jefe ya te expliqué.

-Pes estás cabrón Juanito y entiendo que tu mamá no te quiera ver; y ¿qué piensas hacer, cuñanbto tiempo más quieres quedarte aquí?

-No lo sé nena, no depende solo de lo que yo quiera, depende también de las cosas en el barrio, allá he matado a varios cabrones y sus bandas me andan buscando así que en un rato no me puedo aparecer, por eso vine a dar aquí; pero la neta no me arrepiento, te conocí y he aprendido varias cosas, todo ha sido para bien por aquí.

-A mí también me ha dado mucho gusto conocerte Juanito, ¿sabes qué es lo que más me gusta de ti?

-¿Qué nena?

-Que eres bien valiente, no cualquier chavito de tu edad viene hasta acá a meterse y formar parte de un cártel tan peligroso y menos aún ganarse un lugar de respeto, además eres un cuate bien honesto y siento que en fondo eres muy noble.

-¿De verdad piensas eso de mí?

-Sí

-¡Woow nena!, jamás alguien me había dicho que le diera gusto haber conocido y menos decirme que yo tengo cualidades, eres una niña bien linda, qué lástima no poder ser tu novio, ni poder llevarte conmigo o al menos quedarme.

-Sí Juan a mí también me hubiese encantado, pero es imposible, nuestras vidas no son ordinarias, yo vivo en una jaula de oro de la que nunca podré salir y tú en una jaula de sangre de la que tampoco saldrás vivo, ni hablar, es nuestro destino ser felices con las migajas y con los placeres efímeros…

9.
LA PALABRA DICHA
NO PUEDE VOLVER ATRÁS.

Las semana del mes de mayo del año 2000 fueron sin lugar a dudas de consolidación para los jóvenes calavera dentro de la organización de los Xolalpa, tanto Juan como el camello habían evolucionado mucho y muy rápidamente al grado que ya figuraban dentro de los hombres de confianza del indio. El camello era la mano derecha del indito, conocía a detalle todos los movimientos logísticos que le eran enseñados para manejar la organización de su padre, además ya podía entrar a los laboratorios y convivir con los chefs, el camello era uno de los más disciplinados y estimados por todos dentro del cártel de los Xolalpa.

Por su parte Juan continuaba con su clandestino y efímero amorío con la princesa del imperio Xolalpa y de manera voluntaria seguía entrenando perfeccionando cada vez más sus habilidades como sicario, además cada que tenía la posibilidad se inmiscuía en asuntos y negociaciones del indio con políticos, militares y miembros del poder judicial. Durante esos meses su formación empírica en el mundo del crimen fue ascendente y cada vez más integral, Juan Tostado se estaba convirtiendo en un incipiente capo que reunía en su persona una cada vez más desarrollada perspicacia criminal, habilidades físicas envidiables y una cada vez más pulido poder persuasivo y negociador enfatizados por una retórica apelativa propia de cualquier jefe.

La confianza del indio Xolalpa llegó a su clímax cuando Juan Tostado y el camello formaron parte de un escuadrón que apoyó al jefe del cártel a escapar de una emboscada en la ciudad de Guamuchil en la cual el gobierno del presidente Lobo buscaba la captura del capo como una herramienta mediática de validación de su gobierno que no gozaba de gran popularidad entre la población. En aquella ocasión el indio Xolalpa acudiría a la celebración de XV años de una de sus múltiples hijas engendradas fuera del matrimonio; el capo viajaría en su helicóptero resguardado por sus hombres de confianza, entre ellos Juan y el camello, así mismo se desplegó un dispositivo de seguridad de más de 50 sicarios armados hasta los dientes por tierra.

La fiesta sería una tradicional celebración de pueblo, de esas que duran 5 días y a la cual asisten todos los conocidos y desconocidos del pueblo; la seguridad del indio Xolalpa consideraba riesgosa la asistencia de este, pero no tanto por algún operativo del gobierno sino por la presencia de algún infiltrado de los alfas; el cártel de los Xolalpa era respetado y temido en sus tierras sin embargo esta representaba una oportunidad única para tomar con la guardia baja al mítico capo. Él se presentaría como invitado y con menos elementos de seguridad de los habituales, además que entre el tumulto de personas sería fácil para sus enemigos.

El gobierno aprovecharía éste contexto y sobre todo la supuesta tregua para dar un golpe estratégico y sobre todo mediático. Este acontecimiento representaba para la administración de Lobo una oportunidad histórica la cual no pensaban desaprovechar. Se le encomendaría al Secretario de Defensa Joseph Terrazas montar un dispositivo encubierto para dar el gran golpe y capturar al indio Xolalpa. El gobierno había planeado enviar un comando infiltrado que se camuflara entre los invitados y en medio de la celebración pudieran abrir fuego contra la guardia del indio y finalmente capturarlo; el Secretario tenía planeado interceptar las entradas por caminos al rancho donde se llevaría a cabo la fiesta, así mismo derribar cualquier helicóptero o avioneta en la que pudiera escapar Xolalpa, al parecer su estrategia y logística eran perfectas, sin embargo se les olvidó que estaban frente a uno de los más inteligentes y escurridizos criminales en la historia de México y su captura no sería tan simple como esa planeación.

Aquella tarde de mayo el indio Xolalpa se dirigió al rancho "El astado" como se mencionó anteriormente arribó en su helicóptero personal y con su guardia por aire y tierra. La fiesta era pletórica, llena de colorido, música, alegría, comida para cientos de invitados, bebidas alcohólicas para días de fiesta, los hombres engalanados con sus sombreros, botas, camisas abotonadas y jeans, mientras que las mueres lucían sus privilegiadas anatomías con entallados vestidos y tacones que hacían que su belleza quedara como una fiel postal del mayor tesoro de Sinaloa, sus mujeres. El indio Xolalpa y todos sus hombres eran los más elegantes al llegar con sus tradicionales sombreros texanos y atuendos confeccionados por diseñadores italianos, sacos, pantalones, camisas y botas de la más alta calidad y sobre todo precio, a kilómetros se notaban y distinguían los miembros del cártel además de los lujosos vehículos y las potentes armas que portaban.

Llegaron por la tarde noche y en el momento de su entrada al rancho la algarabía y el júbilo no se dejaron esperar, se dispararon decenas de armas, la banda comenzó a tocar más fuerte y cientos de cervezas, botellas de todos los brebajes y bebidas refrescantes se destaparon para brindar por el arribo del jefe, del gran capo. Junto a él sus hijos y detrás de ellos Juan Tostado resguardándoles con su AK-47 su Armani negro, camisa de seda y sombrero texano de lado, con su 1,86 de estatura y su mirada de poco amigos sobresalía entre la guardia, se notaba que era "de los culeros que no no la pensaba".

Mientras el indio se acomodaba con su familia en la mesa de honor y disponiéndose a ver el vals de su hija Marianita toda su guardia se distribuía por el rancho tomando distintas posiciones estratégicas, unos en la fiesta, otros a las entradas del rancho, otros como francotiradores en las lomas cercanas y otros como Juan Tostado justo detrás de él. El indio se dirigió con disimulo a Juan:

-Ponte bien chingón Juan siempre en este tipo de eventos salen detalles chaval, mantén los ojos bien abiertos.

-Sí señor, el ambiente es muy festivo, sin embargo se siente cierta tensión.

-Eso es Juanito, ya estás desarrollando ese colmillo que tenemos los viejos lobos del negocio, nunca estés tan confiado de nada, el peligro en esta vida es latente hasta cuando vas a cagar. Así que los necesito a todos con los cinco sentidos a tope.

-Yo no me separaré de usted y sus hijos, aquí cerca andan también el camello, el mixe, el vitolo y otros 6 sicarios; los serranos está distribuidos en las lomas y hay otros 6 en la ruta del helicóptero hasta acá, cualquier bronca nos movemos en chinga.

-Ok Juan, aunque para serte honesto si hay algún problema, ese dispositivo no creo que nos sirva, más bien que se queden ahí como distractor, más bien quiero que estés en comunicación con un vato que ahorita te voy a presentar, él es el mero efectivo en Guamuchil, nadie mejor que él conoce estas tierras.

Mientras hablaban se acercó a la mesa un tipo de unos 40 años de edad, alto, de complexión fornida, con rasgos bastante fuertes y de carácter muy serio, llegó acompañado de una hermosa dama unos 20 años más joven que él y dos hombres de aspecto indígena muy parecidos físicamente a los reclutados en la sierra y el Valle del Yaqui por el cártel, ese hombre era el cuco Sevilla, el terrateniente más próspero de Guamuchil, aliado, compadre y amigo del indio Xolalpa, en cuanto llegó a la mesa ambos se fusionaron en un fraternal abrazo, de esos que de inmediato dejan en claro los lazos estrechos.

-¡Qué gusto verte pinche cuco!, dijo el indio Xolalpa.

-El gusto es todo mío indio, sabes que esta es tu casa, bueno qué te digo, este es tu Estado, este es tu país chingao, ¡salud!, ¡Salud por el indio Xolalpa chingada madre!

A gritar esa consigna el cuco Sevilla, volvieron a retumbar varios balazos al aire y los redobles de las tamboras.

-Y ¿cómo se la están pasando? Preguntó el cuco.

-A toda madre cuco, este tipo de fiestas son las que me gustan, con la familia, la gente, la comida típica y no las chingaderas que les gustan a los jóvenes con su pinche música que es puro ruido, su comida gringa y su chupe que con tanta mierda que le ponen ya ni saben a buen alcohol.

-Eso sí mi indio, esta juventud ya se divierte con cualquier pendejada, pero por lo que veo tú cada vez te rodeas de gente más joven, pues ¿les quieres robar la juventud o qué?

-Jajaja, mira quien lo dice pinche cuco, ¿pos qué edad tiene tu señora mano?

-Jajaja, tú no pierdes el tino indio, pero yo lo decía porque veo que tus guarros ahora se ven bien chamacos.

-Ah, pues déjame presentarte a este chaval, a ver Juan Tostado vente pa´acá.

Juan se acercó a donde platicaban ambos, y saludó al cuco.

-Mira cuco este es Juan Tostado, una chavalito del la capirucha, miembro de una de las pandillas de allá con la que tenemos negocitos.

-Ah pos mucho gusto Juan, yo soy el cuco Sevilla pa servirte, amo y señor de Guamuchil.

Juan contestó:

-Mucho gusto señor.
-Y dime Juan, ¿de qué parte de la capital eres?, yo he ido varias veces pa allá, es un hervidero esa ciudad

-Soy de la Morelos señor, del mero corazón del barrio.

-¡Pa´su pinche madre!, del mero barrio bravo chaval, pues has de estar bien formado y curtido eh

-Más o menos don cuco, aquí también he aprendido varias cosas que no se ven allá

-Pos ta´cabrón, qué bueno que andes por acá, y ¿qué viniste pa´ ser guarro o para quedarte con mi compadre en su organización?

-La idea es venir a aprender lo más que se pueda para afianzar los vínculos entre el cártel y el barrio, además tengo que dejar pasar un tiempo mientras se enfría el barrio, es que debo muchas allá.

-Ah qué cosa pues, bueno pues un guato y en lo que podamos servir, por acá andamos Juan.

-Muchas gracias don cuco, y lo mismo en la Morelos usted tiene su casa.

El indio los interrumpió para abordar un punto específico:

-Bueno, pos qué bueno que ya se presentaron, ahora déjenme decirles una. Ya saben ustedes el dicho de "más sabe el diablo por viejo que por diablo" ¿verdad?

-Simón indio, ¿qué traes entre manos? Respondió cuco.

-Pues yo en tantos años he desarrollado un mejor olfato que los perros y a pesar de que la fiesta de mi hija, por cierto ahijada tuya cuco, está bien suave, a mi me huele a podrido por aquí.

-¿Enserio compadre?, pues mis hombres han peinado los alrededores del rancho y también a los invitados y nada, no hay rastro de la gente de Tijuana y menos de los alfas, pura familia sinaloense compadre.

-Esa es la cosa mi cuco, no apesta a alfas ni a tijuanos, huele más pior, aquí apesta a milicos, a sardos sonorenses y sinaloenses. Por eso la peste se mezcla con la nuestra.

-No la chingue compadre, pues solamente que estén revueltos con la gente y ahí sí va a estar cabrón identificarlos.

-Pues precisamente cuco, necesito que te me coordines en chinga con el Juan porque me tengo que pelar sin que se haga mucho borlote, no sabemos dónde estén regados estos cabrones.

Juan intervino:

-Pues dígame ¿cómo le hacemos y luego luego indio?

-A ver cuco, tú eres el chingón aquí, ¿por dónde me pelo?

-¿Tu helicóptero está hasta la planicie atrás de las lomas verdad?

-Sí compadre y ni ha chingadazos podemos salir en las trocas porque se arma la plomiza, esto debe ser en chinga y bien discreto.

-Bueno compadre así le vamos a hacer. Juan en chinga tráete unos 3 o cuatro hombres de tino de apache y huevos de acero que no se vayan a rajar si se desatan los plomazos, te voy a decir por dónde se van a mover.

Mira Juan te vas a llevar al indio hasta el fondo del rancho, procura que nadie los vea, allá donde está esa caballeriza hay un potrero, debajo del tercero en el suelo entre la hierba hay una puertecilla de madera, es la entrada a un túnel como de 4 kilómetros, está acondicionado con iluminación y hay tanques de oxígeno cada 250 metros, se tienen que mover echos la chingada.

Juan respondió:

-Ok cuco, pues de una vez, pero ¿a dónde nos va a sacar el túnel?

-Los va a mandar al este de la serranía, por unos pozos cerca del río, yo ahorita movilizo a algunos de mis hombres para que los esperen en una troca y los lleven en chinga hasta Culiacán, quédense allá al menos esta noche, pues al darse cuenta los milicos que no está mi compadre en la fiesta, en chinga se van a movilizar a buscarlos por la sierra y quizá ya hasta sepan donde es la finca del indio. De Culiacán, yo creo que te vas a tener que mover a otro país compadre mientras logramos negociar con el gobierno a ver ¿qué chingados quieren?

El indio respondió:

-Ese pinche presidente Lobo es un hijo de su puta madre, se me hace que ya pactó con los alfas y les quiere abrir las plazas, pero el hijo de puta se va a dar cuenta que la está surrando al meterse conmigo.

-Sí compadre ya nos la pagará ese infeliz, pero por mientras arre, pélate antes que estos pinches cerdos comiencen su desmadre; ahí te lo encargo Juan, y que Malverde me los cuide.

Juan Tostado movilizó a la guardia personal para que despejaran el camino hasta el potrero, mientras en uno de los baños del rancho el indio cambiaba su atuendo por el de un integrante de la banda musical y un hombre de sus mismas características físicas se vestiría como el capo yéndose a sentar incluso a la mesa con Clarisbeth y Chucho. Mientras duraba la confusión y los militares no notaban la usurpación, Juan Tostado sacaba a toda velocidad al indio Xolalpa de la fiesta llevándolo por entre los plantíos hasta el potrero mientras el resto de los hombres los escoltaban a distancia.

Llegando al potrero y a la puerta del túnel, Juan le

dijo al resto de los sicarios:

-Aquí se quedan ustedes cabrones y me quiebran al primero que se acerque, yo me voy con el indio, pues hay poco oxígeno y se ve muy estrecho el hoyo, así que de ustedes depende que alguien nos siga. Sí todo sale bien hoy mismo el indio y yo estaremos en Culiacán y allá nos alcanzarán ustedes, así que truchas cabrones y que los cuide Malverde.

Juan entró primero al túnel para ir abriendo camino ante cualquier contratiempo, el indio entró detrás de él y ambos se dieron a la tarea de llegar lo más pronto posible a la salida donde ya habían sido enviados hombres del cuco Sevilla.

Ese túnel era un verdadero infierno, tenía un diámetro variable de un metro y medio a un metro sesenta, el calor era sofocante y la ausencia de oxígeno era un verdadero calvario, dicho túnel bajaba unos seis metros bajo tierra, Juan y el indio Xolalpa estaban visitando el infierno. Al recorrer el primer kilómetro el indio comenzó a sentir mareos y bochornos, así como claustrofobia.

-Juan no mames, ya no puedo chaval, ya no puedo.

-¿Qué pasó indio?, síguele no te puedes detener, no sabemos si los milicos ya se dieron cuenta de la fuga, échale huevos indio ya falta poco

-No nos hagamos pendejos Juan, el cuco dijo que son 4 kilómetros y no llevamos ni la mitad, me falta el aire, estoy sofocado, ya no puedo, pégame un tiro mejor.

-No digas pendejadas indio, estamos cerca de otro tanque de oxígeno, con ese te alivianas, es más espérame voy por ese tanque y vuelvo.

-No seas necio Juan ya quiébrame, prefiero eso que ir al tambo.

Juan se movilizó lo más rápido que pudo por el tanque que estaba próximo, volvió y se lo suministró a un maltrecho indio Xolalpa, lo despojó de la camisa y trató de reanimarlo con un par de bofetadas.

-Ándale indio aliviánate chingao, nos van a atorar a los dos.

-Ya te dije que te muevas y me des un plomazo, yo ya no puedo, me siento muy débil.

-Me lleva la chingada indio te voy a sacar de aquí así te tenga que revolcar.

Juan Tostado por su estatura tenía que ir prácticamente agachado en el túnel, tomó al hombre de casi 100kg en su espalda y comenzó a avanzar por el túnel que se convirtió en el más grande reto hasta ese momento en su vida; cada metro parecía un kilómetro de esfuerzo y un centímetro de distancia avanzada, al llegar a los tanques de oxígeno suministraba tres cuartos al indio y el resto lo consumía él, tomaba pequeños descansos; cerca del final alcanzó a escuchar a lo lejos disparos provenientes del inicio del túnel, sabía que venían por ellos, con las fuerzas que aún le quedaban trató de acelerar el paso hasta topar con lo que seguro era el final, una pared que había que escalar por lo menos 5 metros. Juan estaba exhausto, le faltaba la respiración, sus piernas temblaban, no sentía los brazos que estaban completamente lacerados por raspones y adormecidos por el dolor, la espalda acarreaba todo el dolor del peso del indio Xolalpa quien se encontraba en esos momentos ya inconsciente.

Juan tomo el último respiro, montó al indio Xolalpa a su espada a manera de costal y comenzó a escalar el difícil muro de tierra que por momentos parecía deslavarse, después del segundo metro logró apoyarse de algunas raíces que salían por la pared y con un esfuerzo sobre humano por fin logró salir de aquel infernal túnel. Al salir estaban ya los hombres de cuca quien los ayudaron como pudieron, al salir Juan tomó fuertemente aire puro de las montañas y en un segundo cayó desvanecido…

10.
EL BARRIO LLAMA, LA SANGRE RECHAZA

Para la mañana siguiente tanto el indio Xolalpa como Juan Tostado se encontraban en un lujoso hotel en la ciudad de Culiacán, ambos recuperándose y retomando el conocimiento después de aquel escape, cuando Juan despertó estaban en su habitación el camello y Clarisbeth, y ella al ver que despertaba corrió a abrazarle y fue la primera en hablarle:

-Juan muchas gracias, ¿cómo pagarte lo que hiciste por mi papi?, ya una vez me salvaste a mí y ahora a él.

Con las fuerzas que tenía Juan contestó:

-Yo aprendí en el barrio a tener honor y responder por mi gente, y ustedes me han tratado como uno de los suyos en estos meses, estamos a mano nena.

-No Juan, tú has demostrado tanto valor en estos meses, has dado mucho más que muchos por el cártel y por mi familia, muchas gracias.

-No agradezcas nena, para mí es un placer poder participar en el cártel y sobre todo estar cerca de ti.

El camello intervino también:

-Chingón Juan, ¡qué bueno que la libaron!, los milicos se dieron cuenta de la fuga y rápido se movieron al potrero y ahí los agarramos a plomazos.

-No chingues camello y ¿qué pasó, se chingaron a alguien del cártel?

-En la plomiza se volaron al vitolo y a los demás, solamente nos pudimos escapar el mixe y yo, nos pelamos por las montañas hasta llegar a las trocas.

-No mames carnal, menos mal que la libraste, y ¿cómo sigue el indio?, pensé que no la libraba.

-Pues ya está recuperado wey, gracias a ti salió bien librado. De hecho nos dijo que en cuanto estuvieras chido te quería ver.

-Ok carnal está bien.

Un par de horas más tarde Juan Tostado acompañado por el camello se dirigió a la suite de luxe del hotel Palacio Persa donde se encontraba un maltrecho indio Xolalpa. Al percatarse de la entrada de Juan a su habitación su rostro no pudo disimular la alegría:

-Juanito, ¿cómo estás hijo?, me da un chingo de gusto verte cabronazo, ven dame un abrazo

Juan se acercó al capo y se fundieron en un abrazo muy similar al que se dio el día anterior con el cuco. La calidez era notable.

-Y dime Juanito ¿cómo sigues cabrón?, te rifaste como todo un señor mijo, me salvaste la vida y eso jamás se me va a olvidar mi chingón.

-No se preocupe indio, solamente cumplí mi chamba.
-No Juan, cuál chamba si tú ni obligación tienes, tu eres del barrio no eres narco, no eres del cártel, bueno no formalmente porque te has ganado tu lugar más que ninguno y a partir de hoy eres miembro, pero de mi familia hijo y como tal tú siempre vas a tener mi apoyo y mi respaldo.

-Pues no sé qué decir señor, la neta me siento halagado, insisto yo solo cumplí como cualquier wey del barrio, defendiendo hasta el final a nuestra gente.

-Pues precisamente Juan, me defendiste como a tu gente, pues ahora tú eres mi gente, mi familia, mi sangre. Y como a mí me gusta tratar bien y consentir a los míos, permíteme hacerte un pequeño obsequio que mandé traer para ti. A ver chihuas tráeme el regalito de mijo Juan.

Uno de los hombres del cártel, el chihuas sacó una maletín de mano muy elegante y lo puso en una mesa de centro.

-Ándale Juan ábrelo chingaó, espero que te guste.

Juan Tostado abrió aquel maletín y quedó mudo cuando vio el contenido. Se trataba de una CZ-75 9mm, el arma de sus sueños, pero además estaba adornada con detalles de oro, plata y diamante, tal cual las que portaba el indio y los más altos mandos del cártel, las incrustaciones de diamante formaban sus iniciales JT en la chacha y el cañón tenía finos acabados de oro, iba acompañada con un paquete de 100 municiones de plata, todo un lujo para el muchacho.

-¿Cómo ves mijo, te gustó tu regalo?

-Pues cómo no indio, es un lujazo esta arma, desde morro siempre soñé con una así.

-Jajaja qué bien Juanito, a mí me gusta que mi gente ande a la primera línea. Bueno mijo, cuide bien su fusca y úsela sabiamente, yo me tengo que ir pa Cuba en lo que se enfría esta mierda con el gobierno, se queda al mando el Camaleón, pero tú vas a ser el jefe de la plaza de Mazatlán, ¿te late?

-Yo preferiría quedarme a cuidar a tus hijos indio.

-No será necesario Juan, la Clarisbeth se va unos meses a Holanda para evitar pedos y el Chuchito va a seguir cuidado por el camello, y yo necesito un hombre de confianza y de huevos como tú en Mazatlán, necesito que te curtas más porque viene un tiro machín con los alfas, así que ponte trucha que ya se viene lo bueno...

Los meses subsecuentes Juan Tostado se encargó de la plaza de Mazatlán junto con el mixe, ambos hicieron una "limpieza" en el lugar; expulsaron a las pequeñas minorías de otros cárteles, mantuvieron a la policía controlada y lograron consolidarse frente al corrupto Gobierno local; Juan se ganaba cada vez más respeto por varios motivos; en primer lugar se había convertido en uno de los miembros del cártel que manejaba con gran maestría la violencia física y psicológica tanto en contra de sus oponentes como para mantener su jerarquía dentro de la organización, al mismo tiempo se volvía con el tiempo y la praxis un mejor negociador con todo tipo de autoridades, era reconocido también por su estoicismo y valor; su leyenda se forjaba con más fuerza, ahora en esta región, pero todo esto también llegaba rápidamente a oídos de su barrio, a oídos de los calavera.

Mientras en Sinaloa las cosas marchaban bien para Juan, en el barrio de la Morelos las cosas eran cada vez más difíciles: los alfas en alianza con el chivo lograban recuperar cada vez más espacios para la distribución de drogas cerca del barrio, e inclusive ya habían logrado recuperar el control de algunas calles dentro de la colonia; así mismo la extorción, el secuestro y la trata de personas se hacían más comunes. Por otra parte, las cosas con los calabazos aún seguían muy tensas, a pesar de que el guerrero logró pactar cierta tregua, el Vilchis seguía esperando el regreso de Juan Tostado para saldar aquella afrenta. Los calavera aún tenían el control del barrio, de los comercios, pactos con ellos, los molachos y los santeros; así mismo contaban con apoyo del cártel de los Xolalpa, sin embargo era notorio el peligroso avance de la amenaza de los alfas.

Los alfas trataban de establecer un paradigma de terror en la ciudad y se habían encargado de ir a los barrios más violentos a reclutar elementos para su organización, así hacían cada vez más numerosas sus filas, el perfil que buscaban era el de aquellos que más deshumanizados se encontraran y mayores ambiciones económicas y de poder tuviesen. Había en ese grupo asesinos, violadores, secuestradores, asaltantes y ladrones. Otra de sus estrategias de terror era liquidar a las familias de todos aquellos pandilleros que no se integraran a la organización o bien mutilarles algún miembro como represalia. Gradualmente los alfas extendían su terror por toda la ciudad.

La familia de Juan continuaba bajo protección de los calavera, sin embargo no le perdonaban lo sucedido meses antes con su hermano Brandon, en una ocasión el guerrero visitó a la madre de Juan para tratar de interceder por él, sin embargo la postura de su madre fue contundente:

-Hola doña, ¿cómo va el Brandon?

-Hola guerrero, pues cómo va a ir, re mal el no poder caminar ni valerse por sí mismo lo está haciendo caer en depresión y dice que para estar así él prefiere ya no estar vivo. Yo me siento desesperada, sus hermanos pequeños también dicen que quieren entrar a las pandillas y dejar la escuela. Ya no sé qué hacer con ellos.

-La entiendo doña, pero debe ser fuerte, de otra forma no va salir el Brandon de la bronca, de cualquier forma sabe usted que los calavera la respaldamos.

-No lo tomes a mal guerrero, pero la verdad a mí ya no me gustaría que mi familia siguiera teniendo vínculos con las pandillas. De hecho he estado pensando salirme de este barrio e irme a vivir con una comadre a Puebla.

-Pues quizá sería lo mejor para ustedes, salir de esta realidad tan complicada.

-Sí además temo por la seguridad de mi hija, después de lo que pasó la han estado hostigando esos cholos amigos del Vilchis y otros que nunca había visto por aquí; ella me ha contado que ha notado que la siguen, le gritan cosas e incluso algunos la amenazan con llevársela.

-Ok doña que bien que me lo dice, vamos a estar más al pendiente de ella también, no tenga cuidado, nosotros nos encargamos.

-Pues ya solo espero juntar un poquito más de dinero y que mi comadre me diga cuándo para poderme salir y llevarme a mis hijos antes de que pasen cosas peores.

-Ok doña, lo que usted decida está bien. Y hablando de otras cosas, ¿no ha sabido nada de Juan?

-No guerrero, ni quiero, para nosotros el Juan ya está muerto, las desgracias han llegada a esta casa desde que el comenzó su vida de pandillero, yo ya quiero estar tranquila y ese muchacho es pura guerra. No quiero volver a verlo, ni sus hermanos tampoco, Juan Tostado ya no es de nuestra familia, ya no es parte de nuestra sangre.

11.
LA INDIGNACIÓN
MOTOR DE LA VENGANZA

El mes de noviembre del 2000 sería inolvidable para Juan Tostado, él se encontraba en franco equilibrio y ascendiendo como la espuma en el cártel, su dominio era pleno en Mazatlán. Tenía aprecio, respeto, dinero, lujos y una organización que lo respetaba, sin embargo su barrio y los calavera seguían siendo su gran amor, su cuna, su familia. Sin lugar a dudas el soñaba volver, dar a su banda lo que había aprendido en el norte, abrazar a su madre, ver a sus hermanos, a su gente y encabezar nuevamente a los calavera teniendo ahora el respaldo de uno de los cárteles más importantes de México. Sin embargo, su regreso no fue el idílico imaginario que él suponía.

Una mañana de aquel otoño recibiría una llamada del alucín que haría que el mundo de Juan Tostado cobrara un nuevo rumbo y que le dejaría marcado como un tatuaje perpetuo aquel instante, en aquella llamada la realidad donde Juan estaba parado se desmoronó en unos minutos…

-Hola Juan, ¿cómo va todo?

-¡Qué pasó pinche alucín!, por acá todo bien, a toda madre, subiendo como la espuma y fluyendo como agua de ría, ¿qué pedo cómo va todo por allá?, ya tengo hartas ganas de darme un rol y verlos a todos.

-Pues más o menos Juan, no hay buenas noticias.

-¡A chingá!, pues dime carnal, ¿qué pasó, cuáles son las malas noticias?

-No sé si por teléfono sea prudente Juan, pero solamente puede decirte que es urgente que vengas.

-No mames alucín, pues dime ¿qué onda, qué pasó, se quebraron a alguien, hay alguna bronca con mi familia, qué chingados?

-Vente hoy mismo, toma un avión y en un rato platicamos Juan.

-¡Qué la chingada alucín, no me tengas en

suspenso cabrón!, ya dime qué pasó, yo me descuelgo al barrio hoy.

-Juan hubo un pedote con tu familia, lánzate al aeropuerto, en un rato más te cuento que onda.

-No mames wey, voy en chinga para allá te marco cuando ya esté llegando a la Ciudad.

Juan salió rapidísimo de su departamento en Mazatlán rumbo al aeropuerto privado del cártel y voló a la capital. Al llegar lo esperaban el alucín y su viejo amigo Matehuala quienes con un desencajado rostro y evidente angustia se acercaron a él. Juan rápidamente corrió hacia ellos y con voz apresurada les dijo:

-¿Qué pasó cabrones, cómo está mi gente?

Matehuala le contestó:

-Tranquilo Juan, llévatela relax, vámonos pa'l barrio.

Juan con una ya notable molestia derivada de su evidente condición de estrés, salió de su ya de por si menguada parsimonia y tomó del cuello al alucín con una mano mientras con la otra amagaba con sacar su CZ-75 y con voz desafiante le dijo:

-Mira hijo de la chingada, ya díganme de una puta vez qué pasó o me los quiebro a los dos por culeros.

Matehuala se le acercó con mucha precaución tratando de persuadirlo para que se tranquilizara:

-Juan, tranquilo carnal, no vayas a hacer una pendejada.

-Pinche Matehuala, no te me acerques que a ti también te va a tocar, ya dejen de estar haciéndole al pendejo y díganme de una pinche vez, ¿qué pasó?

-Ok Juan, suelta al alucín, yo te voy a decir todo el asunto. Pero ya tranquilo bro.

Juan soltó bruscamente al alucín y lo empujó enviándolo al suelo. Arregló su ropa y de forma desafiante le insistió a Matehuala.

-Ya lo solté cabrón, ahora tú suelta la neta.

-De acuerdo carnal, pues los pinches alfas han estado hostigando a todo el barrio, y pues tú bien sabes que esos weyes son culeros y tratan de meter miedo con muchas estrategias bien manchadas.

-Sí pendejo, eso ya lo sé, ¿qué le hicieron esos hijos de puta a mi familia?

-Wey tranquilo, no sabemos dónde está tu familia, los alfas antier se llevaron a un chingo de gente del barrio, entre ellos tus carnales y tu jefa.

-No mames ¿cómo que se llevaron gente del barrio, pues qué chingados estaban haciendo los calavera y los molachos para que eso pasara sin que se dieran cuenta? ¡Pinches pendejos!

-Fue una pinche movida en complicidad con el chivo y seguramente el Malpica. Resulta que mucha gente fue engañada con propaganda del gobierno para asistir como invitada a un acto de un diputado del partido de Malpica, les dijeron que les darían una feria por asistir; pero pues todo era pura piña, en realidad los camiones donde la gente se subió eran camiones de los alfas.

-No mames, y ¿para dónde los llevaron o qué quieren esos pendejos con la gente, ya hicieron contacto con alguien?

-No Juan, muy poca gente en el barrio trae celulares, prácticamente todos los que se subieron a los camiones es gente amolada que iba por la lana que les prometieron.

-Y mi jefa y mis carnales ¿por qué chingados estaban ahí?, se supone que a ellos no les falta nada, se supone que los calavera ven por mi gente, o ¿no los apoyan?

-Simón, claro que se les da el apoyo como se acordó, pero tu jefa en últimas semanas ya no ha querido recibir nada de la banda, no nos acepta el dinero, y según nos dijo el guerrero, el plan de tu familia era juntar dinero e irse del barrio.

-Chingada suerte, y ¿qué han hecho para buscarlos?, ¿no han topado a nadie de los alfas, no han ido tras el chivo?

-Simón, el guerrero ha estado organizando a la banda, los molachos también se están moviendo y parte de los calabazos; estamos en chinga con eso.

-Vale madres, pues arre, vámonos para el barrio a organizar chido esa búsqueda, si no aparece mi familia voy a volar a todos esos hijos de puta.

Los tres pandilleros se dirigieron al barrio para encontrarse con otros miembros de la banda; Juan estaba realmente preocupado y no escatimaría esfuerzos para localizar a su familia. Al llegar a su amado barrio, Juan Tostado encontraría un panorama que lucía desolador, se respiraba miedo, tensión, peligro; los buenos tiempos donde los calavera habían consolidado su dominio parecían estar en riesgo. Se dirigieron al Salón Infierno en donde se encontraban el guerrero y el lurias (nuevo dirigente de los molachos), aunado a todo el ambiente tenso se sumaba la situación pendiente que aún no resolvían Juan y el guerrero. Al llegar se encontraron justo frente a frente…

-Qué show guerrero, ¿qué vamos a hacer para encontrar a mi familia y a toda esa gente?, nos tenemos que mover en corto.

-¿Cómo estás Juanito? Casi un año desaparecido, hay varios asuntitos que hablar ¿no?

-Simón guerrero, pero primero vamos a resolver este pedo…

-A ver wey, bájale tres líneas a tu euforia, tú no estás en condiciones de venir a mover el barrio, acuérdate por qué te tuviste que mover. Así que ponte al tiro.

-Cabrón, yo no vine a discutir por qué o cómo me fui, eso ya es historia, ahorita debemos resolver este pedo, y si no le piensas entrar entonces mejor ábrete a la chingada.

-A mi no me vas a venir a mover ni hablar así pendejo, podrás ser y sentirte la chingonería con los Xolalpa, pero en el barrio y en los calavera eres uno más, y yo he estado al frente de la banda todo este tiempo, así que no se te ocurra pensar que aquí vas a repartir, te relajas y te cuadras.

-Bájale pinche guerrero, no te quiero volar, eres mi banda, y aunque estés emputado y diciendo todas estas pendejadas te tengo respeto por los viejos tiempos.

-Pues tus pendejadas nos dejaron bien embarcados y con muchas broncas en el barrio, rompiste una alianza con los calabazos por tus mamadas, dejaste inválido a tu carnal, pusiste en riesgo a toda la banda y a tu propia familia por tus pinches arranques de adolescente, así que ahora me vas a escuchar y las cosas se van a hacer como yo lo indique, y eso no está en tela de juicio, si no te parece lárgate del barrio.

-No colmes mi paciencia guerrero, ni me pongas a prueba porque ya no soy el mismo morro que se fue de aquí, ya tengo otro nivel y en dos segundos te vuelo. Pero ok, yo también me sé cuadrar y como hombrecito sé reconocer mis errores, te seguiré guerrero, por la amistad que para mí sigue existiendo y porque tienes razón en lo que dices; lo haremos a tu modo.

-Por lo menos sigues manteniendo algo de sentido común Juan, pues entonces siéntense y vamos a discutir cómo solucionar esto, a todos nos está llevando la chingada.

Todos se sentaron y comenzaron a vislumbrar el panorama, sus posibilidades y la estrategia más conveniente, sería realmente complicado localizar a la gente, para ese momento era muy probable que estuvieran fuera de la ciudad y en uno de los peores panoramas existía incluso la posibilidad de que ya hubiera algunos muertos. Tenía la palabra el guerrero:

-Cabrones debemos agotar todos nuestros recursos en esto, estos pendejos de los alfas ahora sí ya se pasaron de lanza, están invadiendo totalmente nuestro territorio y tienen en jaque a nuestra gente; familiares de muchos, no únicamente de Juan están en manos de esos mierdas, pero debemos ser inteligentes y pensar dónde pueden tenerlos.

El lurias intervino:

-Sí, muchas familias de gente también iban en esos camiones, son más de 100 personas y en la delegación ya se comenzó la búsqueda policiaca, pero nosotros bien sabemos que a la policía le vale madres, ellos mismos se coludieron con los alfas.

Juan les preguntó a ambos:

-¿Y hasta ahorita cómo se han movido ustedes?, hay que apañar a algunos de los alfas o encontrar al culero del chivo, a huevo que nos van a decir donde están.

Contestó el guerrero:

-Pues movimos a varios carnales por varias zonas para ubicar puntos donde dominan los alfas, no nos hemos podido meter en todos los barrios, porque algunos están bien custodiados por sus propias pandillas, otros se han movido a los congales de las fueras de la ciudad y los Estados vecinos por si ya están prostituyendo a algunas de las chicas, pero hasta ahora no tenemos rastros de nada ni de nadie.

-Hay que menearnos más guerrero, para estas alturas seguramente esa gente ya está en otro Estado más lejano y esperemos aún no haya querido matar a alguien. Yo propongo ir de cacería por cabrones pesados de los alfas, familiares de ellos y de ser posible por el pinche chivo o el Malpica.

-Me parece bien la idea, pues hay que organizar bien a toda la pandilla y distribuirnos hasta dar con gente de esos cabrones y presionarlos.

-Sobres de una vez guerrero, yo me propongo para ir por al frente de una comisión.

-Vale, llévate una banda, jálate al Matehuala y dense un rol por los prostíbulos de insurgentes sur, allá hay varios padrotes de los alfas; y aquí el lurias y yo armamos comisiones que le sigan la pista a la gente del chivo, a los extorcionadores de los alfas y yo trataré de acercarme al puto de Malpica.

-Ok, pues yo voy solo con el Mate, no hay pedo entre menos seamos mejor, así pasamos desapercibidos.

-No mames Juan, y si los tuercen, ¿apoco ustedes solos van a poder con la fierriza?

-A huevo guerrero, yo allá en Sinaloa aprendí un chingo de cosas y con el entrenamiento que tuve a mi me la pelan.

-No seas wey Juan muchos de los alfas también están entrenados, fueron milicos, no te sientas superman vato.

-Dale pues guerrero, mándame con unos 10 cabrones, ahorita mismo nos movemos.

-Ok cabrón, pónganse truchas.

Juan Tostado y Matehuala salieron del Infierno y abordaron una camioneta junto con otros 4 miembros de los calavera, en otro automóvil se dirigieron otros 5 pandilleros a dar un recorrido por el sur de la ciudad; Juan estaba muy atento a todos los movimientos en cada uno de los prostíbulos que visitaban.

A mitad de la noche llegaron al Caballo de Troya, uno de los lugares que presuntamente pertenecía a los alfas; entraron al lugar y pidieron algunas bebidas, algunas de las chicas se acercaban a ellos "pa´chambear". Una de las mujeres con más tiempo trabajando en el lugar conocida como la bestia se sentó en las piernas de Juan y entre caricias y besos le preguntaba:

-Hola chiquito, ¿qué hace un chito tan joven y guapo como tú visitando estos lugares?

-Pues ya sabes cómo somos de precoces los cabrones muñeca.

-Ah obvio que lo sé, si no fueran tan precoces y calientes yo me moriría de hambre nene; pero nunca te había visto por aquí, ¿a qué se debe el honor de su visita?

-Pues fíjate que me han recomendado mucho este lugar, pero no solo por las morras tan chulas como tú, sino porque se rumora por el barrio que este antro es de los pinches alfas, y que aquí venden la mejor nieve de la ciudad, ¿es neta?

-Ayy papi, pues ¿yo qué voy a saber?, yo ni me drogo ni me meto en asuntos de los dueños, yo solamente chambeo aquí.

-No seas gacha princesa, conéctame con el dealer, mira traigo un chingo de baro, si me lo conectas te doy una buena propina y te compro un gramito de la más chingona, ¿cómo ves?

-Muñeco, tú sí que sabes las palabras mágicas para conseguir que una mujer haga lo que quieres. Vale pues, es un trato papi, déjame ver qué puedo hacer por ti y regreso, no te me vayas a ir eh.

-No nena, yo aquí te espero.

Después de unos 20 minutos, volvió la mujer y le dijo al oído a Juan:

-Ya está nene, dice uno de los chicos que vende que cuánto quieres y que él te la trae.

-Ok, dile que quiero 10 gramos, me imagino que no me la puede dar aquí, no hay bronca yo salgo por el material, ¿dónde lo puedo ver?

-Muñeco se va a enojar conmigo si te llevo, esos cabrones siempre tratan de estar escondidos.

-Pero ni modo que me traigas 10 gramos de nieve aquí; mira muñeca ten 5000 varos y dime dónde está ese wey

-Pero yo me estoy arriesgando.

-Bueno, ¿quieres la plata o se la doy a otra morra?, seguro más de una me va aayudar y no se va a cotizar tanto.

-Ok bebé, no te enojes, pásame esa platita y te doy la ubicación exacta del dealer.

-Aquí está, completito, ahora dime ¿pa´dónde jalo?

-Mira nene, ese wey está en el salón VIP, ahí es difícil entrar porque además de la seguridad de aquí está la de ellos, y no te vayan a hacer algo esos pinches gorilas, por eso te digo que es difícil acercarse, era mejor que yo te trajera tu mercancía o que te manden a alguien.

-Y ¿cómo es ese cabrón, cómo le dicen?

-Mmm, le dicen el azul, es una wey como de 30 años, como de tu tamaño, así grandote y fuerte, no tan guapo como tú…

-Ok, y ¿a qué hora se va más o menos ese wey?

-Ellos se van cuando quieren, a veces hasta las 8 o 9 de la mañana, depende cómo anden.

-Listo nena, muchas gracias, pues ni hablar no nos podemos quedar más, pero espero verte pronto y podernos poner unos jales mi amor.

-Ah tan rápido te vas, yo pensé que te quedarías un ratito conmigo, pero bueno espero vuelvas pronto, cuídate guapo.

Juan y los calavera que le acompañaban salieron del lugar, y estacionaron sus autos a unas dos calles de la salida, esperaban sigilosamente la salida del dealer. Aproximadamente a las 6 de la mañana salieron 2 lujosos autos Mercedes Benz que de inmediato se notaba era de los alfas; los calavera se dieron a la tarea de seguirles con cierto disimulo. Tras un par de kilómetros, se volvió evidente que los calavera seguían a aquellos alfas y en cosa de segundos se desató un tiroteo en una de las avenidas más importantes de América Latina, la afamada avenida Insurgentes. Ambos bandos dispararon descargando todos los arsenales con que contaban y aunque las armas eran mucho mejores del lado de los alfas, el gran tino de Juan Tostado dejó fuera de combate a ambos choferes con lo que la escapada fue imposible para los alfas.

Juan y otros tres calavera se acercaron a los autos y tomaron como rehén al azul llevándolo hasta una de las bodegas de los calavera en la Morelos. Al llegar rápidamente los sometieron y Juan comenzó a interrogarle:

-A ver hijo de tu puta madre, estás a nada de morirte así que o me contestas todo lo que te pregunte o te voy a torturar a ti y a toda tu pinche familia, coopera y no habrá bronca.

El azul le contestó:

-Chingas a tu madre pinche chamaco

Juan tomó un bate de beisbol y dio dos certeros golpes en las rodillas del azul causándole un intenso dolor que quedó de manifiesto con estruendosos gritos.
-¿Ahora sí ya te vas a cuadrar pendejo, o te vuelo las muelas?

-No te pases de pendejo morro, en cuanto me suelte te voy a ponchar la cara

Juan volvió a tomar el bate y ahora golpeó las costillas rompiendo incluso un par; el dolor era insoportable, estaba a punto de desmayarse el azul y le faltaba cada vez más el aire; a pesar de ello y con las pocas fuerzas que le quedaban volvió a contestar.

-Yo no sé qué chingado quieres de mí, pero te vas a la verga.

-Te lo advertí pinche chango pendejo.

Juan tomó un martillo y comenzó a golpear los dedos de las manos hasta que rompió algunos de ellos. El azul completamente desorientado dijo:

-Ok, ya estuvo, ¿qué quieres que te diga?

-Ya ves cabrón, te dije que no me obligaras a pasarme de lanza. Ahora necesito que aflojes todo lo que yo te pregunte. En primer lugar ¿dónde chingados se lleva tu cártel a la gente que secuestra?, y no hablo de un puto secuestro para pedir rescate, hablo de sus pinches secuestros de trata de personas. Segunda ¿quién mueve eso aquí en la ciudad, quién organiza esos secuestros? Y tercera ¿dónde verga está el chivo?

-No mames aguanta, con broncas te voy a poder contestar lo primero, yo no soy tan pesado en el cártel, yo distribuyo en los congales, pero no soy el efectivo.

-Pero tampoco eres pendejo cabrón, así que órale o me dices o aquí mismo te mato a chingadazos y el mismo dolo que estas experimentando lo puedes experimentar tus familiares si no cooperas conmigo.

-Está bien wey, te voy a contar lo que yo sé. Una parte del cártel se dedica a esta cuestión de la trata, a las mujeres jóvenes y atractivas pues las prostituyen en diferentes Estados, a unas las ofrecen por catálogos y a otras más las mandan al extranjero, lo mismo hacen con algunas niñas pequeñas y hasta con niños, en el pinche mundo hay gente muy torcida a la que te encantan ese tipo de chingaderas; a los hombres jóvenes y fuertes los mandan a trabajar prácticamente como esclavos a los campos de marihuana y amapola, a otros a empaquetar y otros más a las minas que el cártel tiene para lavar dinero; a la gente de edad que llegan a agarrar normalmente los asesinan y desaparecen los cuerpos con ácido. Y bueno también una parte del cártel se dedica al tráfico de órganos y venta de niños, muchos de los secuestrados terminan sin alguno o varios de sus órganos y si bien les va muertos. Realmente creo que a la gente que levanta el cártel a la que le va peor, pues como regularmente son personas pobres no tiene quien pague algún rescate y terminan con esta suerte.

-¡Hijos de toda su puta madre!, y ¿a dónde chingados los llevan, quién controla toda esta mierda?

-No sé wey, eso sí te lo juro, los alfas somos una organización súper grande, la neta no nos conocemos todos, escuchamos a veces nombres pero no nos topamos bien.

-Mira cabrón, solo te lo voy a repetir una vez más, o me dices quién se encarga de esto o vas a ser el primer pinche muerto de muchos que van a tener los alfas, entre los camiones que recientemente se llevaron con gente de la Morelos iba mi familia, así que más te vale no jugarle al chingón y contestarme lo que te digo.

-Neta wey, no sé quien mueva eso.

Juan Tostado tomó unas tijeras de pollero y con singular destreza cortó la mano izquierda del azul. Los gritos de dolor eran tan fuertes e intensos, la escena era tan grotesca que varios de los presentes voltearon la cabeza e inclusive cerraron los ojos. El ya moribundo azul, con palabras entre cortadas le dijo:

-No mames, ya mátame, no seas culero.

-Mira pendejo, eso lo decido yo, y te juro por mi jefa que si no me respondes hare que este dolo que sientes no sea nada comparado con el que va a sentir tu familia, los voy a buscar y a torturar peor que a ti, así que ándele hijo de su pinche madre, conteste lo que le pregunté; ¿quién maneja los secuestros masivos?

-Por dios que no sé wey, al más cabrón que conozco es a un vato que le dicen el toro, se mueve por Polanco, quizá el sepa.

-Más te vale no estar mintiendo porque si lo haces créeme que los va a lamentar tu gente.

Juan tomó su arma y dio tres balazos en la cabeza del azul. Y enseguida se dirigió a sus hombres:

-Órale culeros, ya se divirtieron demasiado, vámonos a buscar a ese tal toro que esto apenas va comenzando, hoy mismo vamos a encontrar a nuestra gente.

Salieron con dirección a la pudiente colonia Polanco, un paraíso de negocios y hogar de las élites judías en México, allí tendría que encontrar al toro quien quizá les podría dar pistas del paradero, sin embargo cuando estaban abordando las camionetas, llegó a toda velocidad el alucín en su vehículo:

-Juan, espérate cabrón, ¿a dónde vas?

-Vamos a buscar a un puto de los alfas que tal vez nos afloje información.

-No wey espérate, vente conmigo.

-¿A dónde cabrón?

-Tú jálate, en el camino te explico.

Juan subió al coche del alucín quien salió a toda velocidad rumbo a la fiscalía antisecuestros; al llegar ambos pandilleros había varios de los familiares de las víctimas, el alucín y Juan pasaron a la oficina del agente a quien se le había asignado el caso del secuestro multitudinario. Cuando llegaron les indicó:

-Caballeros siéntense por favor, ¿quién de ustedes tiene familiares implicados en el caso?

Juan rápidamente contestó:

-Yo, mis hermanos y mi jefa iban en uno de los camiones.

-Ok joven, me puede dar una descripción física de sus familiares por favor.

Juan describió a detalle a sus hermanos y a su

madre, únicamente Brandon no había abordado al no poder caminar, por lo que él no era parte de los secuestrados.

-Mire joven, lamentablemente hace unas horas se encontraron varios cuerpos mutilados cerca de la frontera de Nuevo León y Texas, y por las descripciones que usted y otras personas nos han dado se sus familiares, todo parece indicar que se trata de algunos de ellos; ¿puede usted ver unas fotografías y corroborarnos si alguno de los occisos es familiar suyo?

-Sí, vamos ¿dónde están las fotos?

-Sígame por favor.

Juan fue llevado a otra oficina donde varias personas de su barrio, gente muy humilde lloraba desconsolada al reconocer entre los cadáveres a familiares suyos; algunos miraban a Juan con asombro, otros con desprecio. Cuando Juan comenzó a ver las fotografías encontraba varios rostros conocidos de gente de la Morelos hasta que sucedió lo que él y muchos de los calavera temían, 5 fotografías en las que aparecían su madre y sus cuatro hermanos menores ejecutados con evidentes rasgos de haber sido torturados asesinados con tal saña que ni la bestia más cruel sería capaz, según los reportes forenses su madre fue violada y asesinada a golpes, la misma suerte tuvieron sus hermanos que no rebasaban los 10 años y a ellos además de lo anterior les extrajeron diversos órganos y tras esos ultrajes fueron tirados en un basurero junto a animales muertos por lo que en el momento de ser encontrados algunos de sus hermanos ya estaban siendo devorados por las ratas. Al ver Juan Tostado estas imágenes apretó fuertemente los puños, subió la mirada que estaba más perdida que nunca en su vida y por su rostro que cada día se endurecía más y perdía sus rasgos infantiles recorrió la lagrima más dolorosa que hubiese derramado en toda su vida...

Al salir de la oficina tras haber reconocido a sus familiares le dijo al alucín:

-Wey necesito saber ¿dónde chingados está mi hermana, necesito saber si sigue viva o si ya la mataron, me tengo que mover cabrón.

-Sí Juan, vamos a buscarla por cielo, mar y tierra; verás que aparece, pero mira debes calmarte, necesitamos pensar y planear muy bien las cosas. Vamos al Infierno a tomarnos algo y planificar todo.

-Ok wey, pero de verdad que yo no descansaré hasta dar con esos hijos de puta y saber qué pasó con mi carnala.

Ambos fueron al Salón Infierno y mientras estaban bebiendo unos tragos de tequila, en una mesa cercana Juan logró escuchar una plática de dos hombres al parecer camioneros que llevaban mercancía de algún puerto al barrio. Entre lo que Juan pudo escuchar fue:

-No mames compa, ya me urge regresarme pal puerto, me quedé bien picado con una morrita.

-¿Neta, desde cuándo te enamoras de putas wey? Jajaja.

-No, chingues ésta es otro pedo, además de que está bien chavita y linda, es novata nada maleada y apenas va comenzando, creo que es de las que secuestran porque se nota que le cuesta un chingo atender a los clientes y se ve súper espantada, pero hace un oral espectacular, sobre todo por lo inocente que es.

-¿Te cae de madres wey?, y ¿cómo es?

-Es un forrazo, la nena no pasa de los 15 años, tiene una piel morenita clara, como apiñonada y es la más suave piel que he tocado en mi vida, sus ojazos son verdes como el jade y de mirada tierna e inocente, un cabello cafecito y bien brilloso como de actriz, huele a rosas la niña y tiene una boquita suculenta, es un majar la escuincla y vieras que rico me la...

Antes de que el hombre terminara su descripción Juan Tostado se acercó a la mesa y de un severo golpe derribó al camionero de su silla, se le fue encima a golpes mientras le increpaba:

-A ver hijo de puta, de qué niña estás hablando, ¿cómo se llama, dónde la viste?

-No mames pendejo quítate de encima o te voy a romper la madre-

-Te voy a matar hijo de puta, responde lo que te pregunté.

Como pudo el camionero sacó un puñal de su bolsillo y lo clavó en el hombro de Juan, este calló a un lado y cuando el hombre estaba por salir del bar Juan activó su CZ-75 y disparó 5 veces en la espalda y cabeza del camionero quien murió al instante. Tostado se levantó tomándose la herida, el alucín ya tenía amagado al acompañante del camionero a quien le preguntó:

-Y tú hijo de puta, nos vas a decir en qué lugar encontró a esa chica.

-No mamen, yo no sé nada, se los juro, no me terminó de contar.

-Pero ¿a qué puertos va a recoger mercancía ese pendejo?

-Va a varios, pero más a Veracruz, Tampico y Altamira, seguro por allá tienen a la morrita, pero neta, yo no sé nada, déjenme ir por favor.

-Y esos pinches puteros, ¿quién los maneja?, dime nombres de personas y lugares o te voy a sacar la lengua hijo de la chingada.

-No mames, por dios que no sé, uno se llama el Harem creo, otro no sé el Chicago, la verdad yo no voy mucho para allá, está muy caliente, es territorio de los alfas y esos weyes me dan mucho miedo.

-No será que trabajas para ellos puto, hablá porque ya me estoy cansando y cuando me canso hago pendejadas.

-Por diosito que no sé nada, de verdad.

La morena tomó del hombro al alucín y le dijo:

-Ya déjalo que se vaya, yo tengo el número de una de las madrinas de allá, algunas de mis niñas se escaparon de esos congales y vinieron a dar aquí; este pobre wey se ve que no sabe nada, ya suéltalo con un muertito ya tenemos.
-Está bueno morena, y tú hijo de puta, lárgate antes de que me arrepienta y pobre de ti que digas algo cabrón.

Juan se levantó tomando fuertemente su herida y mientras los empleados del Infierno limpiaban y evacuaban el bar él le dijo a la morena:

-Ándale morenita, en chinga consígueme ese número, necesito ir por Carmelita, no me la vayan a matar.

-Juan, debes de ser fuerte, allá hay muchísimos lugares y no sabemos a ciencia cierta en cuál esté, es más nisiquiera sabemos si realmente ella es de la que hablaba el fulano ese.

-¡Cómo chingados no va a ser!, ese hijo de puta describió a mi hermana, el infeliz se atrevió a tocarla y por eso está bien muerto el perro.

-Ok Juan, dame un momento, voy por el número con mis niñas.

En cuestión de minutos la morena volvió con un número telefónico al que ella misma llamó:

-Hola, muñeca, ¿cómo estás linda? habla la morena del barrio de la morelos, no me conoces pero yo soy la mami aquí, algunas de tus niñas como la cusca ya están chambeando aquí, necesito que me hagas un gran favor.

-Hola morena, pues tú dirás, ¿pa qué soy buena?

-Necesito que me dejes habñar con una de tus niñas nuevas, se llama Carmelita y apenas te la llevaron hace una semana, la levantaron de aquí, ya sé de muy buena fuente que está con ustedes, mira yo sé que a ti te obligan los alfas a rentearlas yo me dedico a lo mismo y conozco el negocio, no te voy a meter en broncas, solo déjame hablar con la chamaca, su familia acaba de morir y le tenemos que dar la noticia, no seas gacha.

-Ay morena, tú sabes cómo está de caliente el asunto y sabes que está prohibidísimo que las niñas hablen con sus familias, me vas a meter en un pedo.

-No seas cabrona muñeca, somos compañeras a fin de cuentas, solamente déjame darle la mala nueva y ya, es justo que la chamaquita esté enterada de que ya no le queda nadie más en el mundo, sabes que al final en este pinche negocio lo único que nos mueve es nuestra sangre, dame chance de avisarle.

-Ta bueno pues, pero nomás eso morena, no te conozco, pero confío en ti y lo hago porque sé que todas al final somos igual de desgraciadas en esto, pero no te vayas a querer pasar de lista porque la chavalita lo va a pagar eh.

En unos instantes la Carmelita Tostado sonó en el teléfono, Juan sintió como si le regresara la vida, como si todos sus sufrimientos no existieran y como si el tiempo se detuviera para él. Rápidamente le quitó el teléfono a la morena y contestó:

-Mi niña, mi hermanita hermosa, ¿cómo estás?, ¿dónde estás?

Carmelita al escucharlo rompió en llanto y con palabras entre cortadas dijo:

-Hermanito, no sé donde estoy, no sé con quién y no sé por qué me han hecho todo esto, quiero regresar a la casa.

Juan no pudo soportar el llanto y comenzó a llorar como el niño que aún vivía en él y respondió:

-Hermana, yo voy a ir por ti, eres lo único que tengo, lo más hermosos de mi vida y no dejaré que te sigan haciendo daño.

-Juan cómo está mis mamá, cómo están los niños.

-Carmelita, esos hijos de puta no los mataron, mataron a nuestros hermanitos y la jefecita, pero yo me haré cargo, yo los voy a matar a todos.

El llanto de Carmelita fue más intenso y cada vez eran menos entendibles sus palabras:

-¿Por qué Juan, por qué diosito nos castiga así? Ya quiero que termine esta pesadilla por favor, ven por mí hermanito, ya no quiero estar aquí, esta gente me ha hecho mucho daño.

-Mi niña, dime dónde estás, no te entiendo muy bien, pero dónde te busco, hoy mismo voy por ti.

-Juan no sé.

De pronto se escucho interferencia y cierto forcejeo, de fondo la voz de la muñeca diciendo:

-Pinche escuincla, no se quieran pasar de listos se los advertí.

La llamada se cortó y no volvió a entrar comunicación.

Juan cayó desconsolado sumergido en un profundo llanto mientras el alucín y la morena lo miraban con tristeza. Juan les dijo:

-Esta guerra acaba de comenzar, los alfas y todos los que tengan que ver con esto me la van a pagar uno por uno y conocerán quien es Juan Tostado y desearán jamás haber nacido y menos aún haberse metido con mi sangre, se los juro por todos los santos...

GLOSARIO DE TÉRMINOS Y EXPRESIONES

Buscas las camisas con tu dicho o frase favorita en
https://www.shop.lashistoriasdelaciudad.com/

A huevo: Respuesta afirmativa
A toda madre: Muy bien
Al tiro: Atento
Atoro: Participo
Bazukazo: Cigarrillo de cocaína
Billetudos: Adinerados
Borrego: Traidor
Buenas: De buen físico
Cabrón: Sustantivo
Cabrones: Importantes/Amigos
Cagada: Porquería
Cagar: Cometer error
Caguama: Cerveza grande
¿Cámara?: ¿De acuerdo?
Cana: Cárcel
Cantón: Casa
Caquear: Robo
Carnales: Hermanos
Comiendo el mandado: Traicionando
Congales: Prostíbulos
Cruda: Resaca
Cuadrar: Respetar
Cuatrote: Trampa
Culero: Problemático
Chafa: De mala calidad
Chamaco: Niño
Chamba: Trabajo

Buscas las camisas con tu dicho o frase favorita en
https://www.shop.lashistoriasdelaciudad.com/

Buscas las camisas con tu dicho o frase favorita en
https://www.shop.lashistoriasdelaciudad.com/

Chambear: Trabajar
Chance: Oportunidad
Chavo: Hijo
Chido: Agradable
Chinga: Dificultad
Chingón: Muy agradable
Chingamos: Trabajamos/Logramos/Molestamos
Chingao: Expresión de descontento
Chingar: Afectar
Chingarle: Trabajar
Chingo: Mucho
Desmadrar: Golpear
Desmadre: Desorden
Escuincle: Niño
Feria: Dinero
Forje: Tamaño
Fregada: Inservible
Gacho: Desagradable
Guaguara: Hablador
Húbole: Hubo
Huevos: Valor
Jalamos: Vamos
Jalar: Juntar
Jale: Negocio /Trabajo
Jefa: Madre
Jefe: Padre
Jodido: Pobre
Lamer huevos: Lambisconería
Lana: Dinero
Leña: Leal

Buscas las camisas con tu dicho o frase favorita en
https://www.shop.lashistoriasdelaciudad.com/

Buscas las camisas con tu dicho o frase favorita en
https://www.shop.lashistoriasdelaciudad.com/

Llevar la chingada: Ir mal
Machín: Mucho
Madrazos: Golpes
Mamadas: Tonterías
Menear: Dirigir
Micha: Mitad
Mierda: Malo
Mí´jo: Mi hijo
Morro: Niño
Neta: Verdad
Ni madres: Nada
Onda: Situación
Órale: Está bien
Paro:Ayuda
Partir madres: Vencer
Pedo: Problema
Pendejadas: Tonterías
Pendejo: Tonto
Picando los ojos: Traicionando
Pinche: Adjetivo que sobaja
Ponerme: Delatarme
Puñales: Cobardes
Putada: Prostitución
Putazos: Golpes
Putiza: Difícil
Rifar: Hacer bien un trabajo
Rol: Viaje
Talonear: Robo sin violencia
Torcidos: En problemas
Tranza: Respecto a

Buscas las camisas con tu dicho o frase favorita en
https://www.shop.lashistoriasdelaciudad.com/

Buscas las camisas con tu dicho o frase favorita en
https://www.shop.lashistoriasdelaciudad.com/

Trucha: Atento
Tumbamos: Derrotamos
Un cuatro: Trampa
Valer madres: Fracasar
Varo: Dinero
Volar: Matar
Voltear bandera: Traicionar
Wey: Sustantivo

Buscas las camisas con tu dicho o frase favorita en
https://www.shop.lashistoriasdelaciudad.com/

LAS HISTORIAS DE LA CIUDAD

El mundo no es blanco y negro como las páginas de este libro.
Es de color gris. El bien y el mal aparecen muy borrosos
cuando la espalda está contra la pared. Como reaccionas ante la
adversidad, determina gran parte de tu destino.
Si, controlas tu destino, ¿qué vas a elegir?
El poder real viene con opciones y es por eso que el
conocimiento es poder. El mundo es grande, pero si no sabes
qué opciones existen más allá que las de tu área inmediata, no
tienes muchas opciones. Todo y todos están conectados de
alguna manera. Nuestra misión es conectar y comunicar para
crear un mañana mejor para todos y
cada vida que tocamos.

**Nos gustaría aprovechar esta ocasión para invitarle a
visitarnos en http://www.lashistoriasdelaciudad.com/**

**Manténgate en contacto con LHDLC y
Únete a nuestra lista de email en
http://www.lashistoriasdelaciudad.com/contact-us/**

The House of Randolph Publishing, LLC
1603 Capitol Ave.
Suite 310 A394
Cheyenne, Wyoming 82001

Email: info@lashistoriasdelaciudad.com

Voice #: 307-222-2788
Fax #: 307-222-6876

SOBRE EL AUTOR

Diego Castillo es escritor promesa oriundo del Estado de México. Se crió en un humilde barrio a las afueras de Tlalnepantla dónde vivió una infancia difícil junto a su mamá y sus cuatro hermanos. Cuenta que uno de sus mayores logros fue haber entrado al CCH a estudiar, ya que aseguró un lugar en la prestigiosa Universidad Nacional Autónoma de México. Tras haber terminado sus materias en la carrera de Letras Hispánicas en la UNAM, se propuso escribir su tesis sobre el narcotráfico y el crimen organizado en México. De esta investigación salió el material que Diego Castillo plasma en estas páginas. Su pasión por el tema y las interesantes anécdotas que recolectó en sus frecuentes viajes por el país dieron como resultado esta intrigante historia.

Más información disponible sobre Diego en
http://www.lashistoriasdelaciudad.com/escritores

www.ingramcontent.com/pod-product-compliance
Lightning Source LLC
Chambersburg PA
CBHW050724030426
42336CB00012B/1408